ГОРСКИ ВИЈЕНАЦ

Петар II Петровић Његош

Горски Вијенац/Gorski Vijenac – The Mountain Wreath

First Published in Great Britain in 2013 by Jiahu Books – part of Richardson-Prachai Solutions Ltd, 34 Egerton Gate, Milton Keynes, MK5 7HH
ISBN: 978-1-909669-56-7

A CIP catalogue record for this book is available from the British Library
Visit us at: **jiahubooks.co.uk**

Виђи врага су седам бињишах,
су два мача а су двије круне,
праунука Туркова с Кораном!
За њим јата проклетога кота,
да опусте земљу свуколику
ка скакавац што поља опусти!
Француског да не би бријега,
аравијско море све потопи!
Сан паклени окруни Османа,
дарова му луну ка јабуку.
Злога госта Европи Оркана!
Византија сада није друго
но прћија младе Теодоре;
звијезда је црне судбе над њом.
Палеолог позива Мурата
да закопа Грке са Србима.
Своју мисли Бранковић с Гертуком.
Мухамеде, то је за Гертуку!
Сјем Азије, ђе им је гњијездо,
вражје племе позоба народе -
дан и народ, како ћуку тица:
Мурат Српску, а Бајазит Босну,
Мурат Епир, а Мухамед Грчку,
два Селима Ципар и Африку.
Сваки нешто, не остаде ништа;
страшило је слушат што се ради!
Мален свијет за адова жвала,
ни најест га, камоли прејести!
Јанко брани Владислава мртва;
што га брани, кад га не одбрани?
Скендербег је срца Обилића,
ал' умрије тужним изгнаником. -
А ја што ћу, али са киме ћу?
Мало руках, малена и снага,
једна сламка међу вихорове,
сирак тужни без нигђе никога...
Моје племе сном мртвијем спава,

суза моја нема родитеља,
нада мном је небо затворено,
не прима ми ни плача ни молитве;
у ад ми се свијет претворио,
а сви људи паклени духови.
Црни дане, а црна судбино!
О кукавно Српство угашено,
зла наџивјех твоја сваколика,
а с најгорим хоћу да се борим!
Да, кад главу раздробиш тијелу,
у мучењу издишу членови...
Куго људска, да те Бог убије!
Али ти је мало по свијета
те си својом злошћу отровала,
но си отров адске своје душе
и на овај камен избљувала?
Мала ти је жертва сва Србија
од Дунава до мора сињега?
На трон сједиш неправо узети,
поносиш се скиптром крвавијем;
хулиш Бога с светога олтара,
мунар дуби на крст раздробљени!
Али сјенку што му шће тровати
те је у збјег собом унијеше
међу горе за вјечну утјеху
и за спомен рода јуначкога?
Већ је у крв она прекупата
стопут твоју, а стотину нашу!
Виђи посла цара опакога,
кога ђаво о свачему учи:
"Црну Гору покорит не могу
ма никако да је сасвим моја;
с њима треба овако радити..."
Па им поче демонски месија
лажне вјере пружат посластице.
Бог вас клео, погани изроди,
што ће турска вјера међу нама?

Куда ћете с клетвом прађедовском?
Су чим ћете изаћ пред Милоша
и пред друге српске витезове,
који живе доклен сунца грије? -
Кад данашњу премислим вијећу,
распале ме ужаса пламови:
исклати се браћа међу собом,
а крвници, јаки и опаки -
затријеће сјеме у одиву.
Грдни дане, да те Бог убије,
који си ме дао на свијету!
Час проклињем лански по сто путах
у који ме Турци не смакоше,
да не варам народње надање.

Вук Мићуновић лежи близу владике; притајио се као да спава, али све чује дивно.

Вук Мићуновић

Не, владико, ако Бога знадеш!
Каква те је спопала несрећа
тено кукаш као кукавица
и топиш се у српске несреће?
Да ли ово светковање није
на кому си сабра Црногорце
да чистимо земљу од некрсти?
И без тога ово нам је слава,
на коју се врсни момци купе
способности своје да кушају,
силу мишце и брзину ногах;
стријељањем да се надмашају
и сјечењем у опкладу плећах;
да слушају божју летурђију
и да воде коло око цркве -
да витештвом прса набрецају.
То је тамјан свети јунацима,

то гвоздени срца у момцима!
Тури такве разговоре црне!
Људи трпе, а жене наричу;
нема посла у плаха главара!
Ти нијеси саморана глава:
видиш ове пет стотин момчади,
које чудо снаге и лакоће
у њих данас овђе видијесмо?
Виђаше ли како стријељају,
ка се града вјешто изиграше,
како хитро грабљаху капице?
Тек што вучад за мајком помиле,
играјућ се страшне зубе своје
већ умију под грлом острити;
тек соколу прво перје никне,
он не може више мировати,
него своје размеће гнијездо,
грабећ сламку једну и по једну
с њом пут неба бјежи цијучући.
Све је ово некаква наука!
Без момчади ове те су овђе
шест путах је јошт овлико дома;
њина сила, то је твоја сила.
Докле Турци све њих савладају
многе ће се буле оцрнити;
борби нашој краја бити неће
до истраге турске али наше...
Нада нема право ни у кога
до у Бога и у своје руке;
надање се наше закопало
на Косово у једну гробницу.
У добру је лако добро бити,
на муци се познају јунаци!

Изнијели су крсте с Ловћена наврх Црквине, па су по врху сјели, гађају пушкама и броје колика пута која одјекне.

Сердар Јанко Ђурашковић

Чудне пушке, ваља мушку главу!
Свака наша шест путах одјекне,
а џефердар Томановић-Вука
девет путах једнако се чује.

Сердар Радоња

Видите ли чудо, Црногорци!
Присука сам педесет годинах,
на Ловћен сам вазда љетовао,
излазио на ову вршину:
сто путах сам гледао облаке
ђе из мора дођу на гомиле
и прекриле сву ову планину,
отисни се тамо али тамо
с сијевањем и с великом јеком
и с ломљавом страшнијех громовах;
сто путах сам овђена сједио
и грија се мирно спрама сунца,
а под собом муње и громове
гледа, слуша ђено цијепају;
гледа јеком града стравичнога
ђе с' пода мном јалове облаци,
ал' овога чуда јошт не виђех!
Видите ли, ако бога знате,
колико је мора и приморја,
равне Босне и Херцеговине,
Арбаније управо до мора,
колико је наше Горе Црне,
све је облак притиска једнако,
свуд се чује јека и грмљава,
свуд испод нас муње сијевају,
а нас једне само сунце грије.
И доста је добро примарило
ка је ово брдо вазда хладно.

Обрад

Виђесте ли чудо и знамење
ка се двије муње прекрстише?
Једна сину од Кома к Ловћену,
друга сину од Скадра к Острогу,
крст од огња жива направише.
Ох, диван ли бјеше погледати!
У свијет га јошт није таквога
ни ко чуо нити ко видио.
Помоз, Боже, јаднијем Србима,
и ово је неко знаменије!

Вук Раслапчевић

На што мјериш џефердаром, Драшко?

Војвода Драшко

Хоћах убит једну кукавицу,
а жа ми је фишек оштетити.

Вук Раслапчевић

Немој Драшко, тако ти живота!
Не ваља се бити кукавица...
Али не знаш, рђа те не била,
да су оне шћери Лазареве?

Стаде велика граја наврх Црквине, на сјеверној страни више језера.

Сердар Вукота

Што грајете, који су ви јади,
а ево сте гори него ђеца!

Вукота Мрваљевић

Долеће ни јато јаребицах,
и свакоју живу ухватисмо.
Стога граја стаде међу нама.

Сви из грла повичу:

Пуштите их, аманат ви божи,
јере их је невоља нагнала,
а не бисте ниједну хватали.
Утекле су к вама да утеку,
а нијесу да их покољете.

Пустише јаребице, и вратише се с крстима откуда су их и дигли.

Скупштина о Маломе Госпођину Дне на Цетињу, под видом да мире неке главе

Главари су се макли на страну, а народ коло води.

Коло

Бог се драги на Србе разљути
за њихова смртна сагрешења.
Наши цари закон погазише,
почеше се крвнички гонити,
један другом вадит очи живе;
забацише владу и државу,
за правило лудост изабраше.
Невјерне им слуге постадоше
и царском се крвљу окупаше.
Великаши, проклете им душе,
на комате раздробише царство,
српске силе грдно сатријеше;
великаши, траг им се утро,
распре сјеме посијаше грко,
те с њим племе српско отроваше;
великаши, грдне кукавице,
постадоше рода издајице.
О проклета косовска вечеро,
куд та срећа да грдне главаре
све потрова и траг им утрије;
сам да Милош оста на сриједи
са његова оба побратима,
те би Србин данас Србом био!
Бранковићу, погано кољено,
тако ли се служи отачаству,
тако ли се цијени поштење?
О Милоше, ко ти не завиди?
Ти си жертва благородног чувства,
воинствени гениј свемогући,
гром стравични те круне раздраба!

Величаство витешке ти душе
надмашује бесмртне подвиге
дивне Спарте и великог Рима;
сва витештва њина блистателна
твоја горда мишца помрачује.
Шта Леонид оће и Сцевола
кад Обилић стане на поприште?
Ова мишца једнијем ударом
престол сруши а тартар уздрма.
Паде Милош, чудо витезовах,
жертвом на трон бича свијетскога.
Гордо лежи велики војвода
под кључевма крви благородне,
ка малопред што гордо иђаше,
страсном мишљу прсих надутијех,
кроз дивјачне тмуше азијатске,
гутајућ их ватреним очима;
ка малопред што гордо иђаше
к светом гробу бесмртног живота,
презирући људско ништавило
и плетење безумне скупштине.
Бог се драги на Србе разљути:
седмоглава изиде аждаја
и сатрије Српство свеколико,
клеветнике грдне и клевету.
На развале царства јуначкога
засја света Милошева правда,
окруни се слава вјековјечно
Милошева оба побратима
и лијепе ките Југовићах.
Српској капи свуд име погибе.
Постадоше лафи ратарима,
истурчи се плахи и лакоми -
млијеко их српско разгубало!
Што утече испод сабље турске,
што на вјеру праву не похули,
што се не хће у ланце везати,

то се збјежа у ове планине
да гинемо и крв проливамо,
да јуначки аманет чувамо,
дивно име и свету свободу.
Све су наше главе изабране!
Момци дивни, исто ка звијезде;
што су досад ове горе дале,
сви падали у крваве борбе,
пали за чест, име и свободу.
И наше су утирали сузе
вјешти звуци дивнијех гусалах.
Просте наше жертве свеколике
кад је наша тврда постојбина
силе турске несита гробница.
Што је овоево неко доба
те су наше горе умучале,
не разлежу ратнијем клицима?
Почину ни рђа на оружје,
остаде ни земља без главарах.
Некршћу се форе усмрђеше...
Уједно су овце и курјаци,
здружио се Турчин с Црногорцем,
оџа риче на равном Цетињу!
Смрад ухвати лафа у кљусама,
затрије се име црногорско,
не остаде крста од три прста!

Војвода Милија

Чујете ли коло како пјева?
Ка је она пјесна изведена,
из главе је цијела народа.
И имају разлог Црногорци
на нас дићи проклету гомилу.
Не смијемо ништа започети
што би народ к витештву зажегло,
што би свете кости прађедовске

огрануло, да у гроб играју, -
а ка гуске све нешто ћукамо.
Удри врага, не остав му трага,
али губи обадва свијета!

Војвода Станко (Љуботињанин)

Имаш разлог, војвода Милија.
И дабогда траг нам се затро
кад под овом живјели марамом!
Што ће ђаво у кршћену земљу?
Што гојимо змију у њедрима?
Каква браћа, ако Бога знате,
када газе образ црногорски,
када јавно на крст часни пљују!Сердар Иван
Што би ово те јошт не дођоше
Озринићи, наши крајичници?
А без њих се пословат не може;
наједно се боље разбирамо.

Војвода Милија

Отишли су на станак Турцима
да некакво робље мијењају;
ема сам им посла поклисара:
тек се врате, да овамо иду,
да хитају да не дангубимо,
е овоме већ трајања није.

Дођоше и Озринићи

Вук Томановић

Које јаде дангубите, људи?
Погибосмо овђе чекајући,
нестаде ни арча у торбице,
а духана неста у тобоце;

врат искривих уз поље гледећи
да ако се низ њег' помолите.

Сердар Вукота

Хитали смо да пријед дођемо,
ма никако не могасмо брже:
но Пециреп и стари Балета
сакупили двадест тридест другах,
па у дугу с четом западнули,
дочекали карван од Никшићах;
покољи се на друм са Турцима,
четрнаест посјеци Тураках
и узми им седамдесет коњах
и двије три ухвати робиње.
Па ни дође књига од Никшићах,
и у књизи десет побратимствах
на Пољане да се састанемо,
да им дамо робље на откупе;
па смо били на станак Турцима,
стога смо се мало задоцнили.

Кнез Бајко

Што збораше Хамза и Никшићи?
Шћаше ли им мила вјера бити
да издижу мирно у Рудине?

Сердар Вукота

То знаш, Бајко, би им мила била,
од добра се јошт бјежало није.
Ка не желе Турци добровање,
да у миру раширују овце?

Кнез Роган

Ријечања би ли међу вама
око робља ал' око другога?

Кнез Јанко

Би, Рогане, грдна разговора!
Да ли не знаш Турке од Никшићах?
У малу се длану не искласмо,
да пас пасу довијек кажује
за крваво наше саставање.

Вук Марковић

А с чеса се то мало свадисте?
Ко најпрви смути на састанку?

Кнез Јанко

Ка из руге то би у почетку.
Вук Мандушић и Вук Мићуновић
започеше с Хамзом капетаном
око вјере нешто поповати;
док одједном они загустише,
уљегоше у крупне ријечи.
рече Хамза Мићуновић-Вуку:
"Ја сам бољи, чуј, Влаше, од тебе,
боља ми је вјера него твоја!
Хата јашем, британку сабљу пашем,
капетан сам од царева града,
у њем владам од триста годинах;
ђед ми га је на сабљу добио
ђе су царство сабље дијелиле,
те му трагу оста за господство."
Распали се Мићуновић Вуче,
па се Хамзи попримаче близу:

"Какво Влаше, крмска потурице!
Ђе издајник бољи од витеза?
Какву сабљу кажеш и Косово?
Да л' на њему заједно не бјесмо,
па ја рва и тада и сада?
Ти издао пријед и послијед,
обрљао образ пред свијетом,
похулио вјеру прађедовску,
заробио себе у туђина!
Што се хвалиш градом и господством -
сви градови што су до нас турски,
јесам ли их опсуо мраморјем,
те нијесу за људе градови
но тавнице за невољне сужње?
Бич сам божји ја сплетен за тебе,
да се стављаш што си урадио!"

Мнозина

Миђуновић и збори и твори!
Српкиња га јошт рађала није
од Косова, а ни пријед њега...

Кнез Јанко

Јошт нијесам лијепо казао
око шта се на станак покласмо.-
Утркмисмо Вука с капетаном.
Знате нашу момчад озриниђку:
ђе год дођу, свуд замеђу шалу.
Враг донио на састанак бјеше
и старога оџу Брунчевића;
и у њега некаква шишана,
лакат у њој бјеше ал' не бјеше.
Објесио пушку о рамену,
па чепука, тамо и овамо,
по пољани као сви остали;

а одовуд неки од нашијех,
умимогред, покрај оџе мини
и тисни му од лакта рожину
његовојзи у грлић шишани.
Боже један, три стотине другах,
све попада мртво од смијеха!
А оџа се чуди шетајући
што се ради од толико људих,
докле виђе у пушку рожину.
Ту се одмах помутисмо грдно,
побисмо се огњем из пушаках;
направисмо петнаест носилах,
шест нашијех, девет њиховијех.

Богдан Ђурашковић

Вријеме је да се окупимо,
вријеме је да што углавимо.
Наш се поса свуда прођукао.
Кад опазе браћа некршћена,
неће они ка ми растезати.

Сердар Радоња

Свак је доша ко је од потребе,
ал' нијесу пет Мартиновићах.
И није им без неке невоље,
а без њих се никако не може.

Кнез Бајко

Хајте, људи, да што послујемо,
али дома хајте да идемо,
да се с нама ђеца не ругају;
па с Турцима како који може,
а ја знадем, ђе ми шаке падне.
А ево смо као они миши

те за мачку звоно приправљаху.

Дођоше Мартиновићи

Вук Мићуновић

Ево и ви, већ се начекасмо!
А ево се, људи, окупљамо
ка сватови, пјани што се прича.
То је вама доиста срамота,
јер је вама понајближе доћи.

Томаш Мартиновић

Немој, Вуче, и остала браћо!
Давно бисмо на састанак дошли,
но се нешто ружно догодило,
те смо ви се мало одоцнили.

Кнез Роган

Је ли вино госте посвадило,
ка је вама ово крсно име?

Томаш Мартиновић

Није свађе међу госте било,
но ни Турци жену уграбише.

Вук Мићуновић

Какву жену, ругаш ли се збиља?
Дану причај што се догодило,
а не бој се, свак ће те слушати;
такве после свако радо слуша.

Томаш Мартиновић

Причаћу ви за тога ђавола.
Ми играсмо у колу с гостима,
ређасмо се наоколо вином,
докле пушка извише Пиштета
пуче једна, и човјек покличе:
Ко је витез, ко је добри јунак!
Поведе се робље црногорско!
Покличи се оној наругасмо:
какво робље сасред Горе Црне!
Пјан, рекосмо, па мисли да поје.
Докле двије једна иза друге:
цик! циц! и опет, издушит не даше;
и кликује човјек као пријед.
Оно није без некакве муке!
Уграбисмо пушке, потрчасмо.
Кад онамо, имаш што виђети:
Мујо Алић, турски кавазбаша,
одвео нам Ружу Касанову
и утека с братом најмлађијем.
Ево има више но година
отка нешто међу собом главе.
Али ко би мога помислити
да ће узет Српкиња Турчина?

Кнез Роган

Ћуд је женска смијешна работа!
Не зна жена ко је какве вјере;
стотину ће промијенит вјерах
да учини што јој срце жуди.

Томаш Мартиновић

Нијесам ви све јошт исказао.
Куку оној души задовијек

те је Ружи нарок изгубила,
те је дала Ружу за Касана,
затворила вилу у тавницу,
јере је Касан брука неваљала.
И чујте ме добро, Црногорци:
траг по трагу мени погинуо,
да је бјеше Србин уграбио
ако хоћах главе обратити,
та невоља како ме бољела!
Ема кад чух е оде у Турке,
већ куд камо не би размицања,
но за њима у поточ пођосмо.
На Симуњи стигосмо сватове,
те убисмо обадва Алића,
а кроз Турке несрећну невјесту.
Ту смо грдно образ оцрнили
и од Бога дио изгубили.

Кнез Јанко

Боже драги, чудна договора!
Би ли ово ђеца пословала?
Не смијемо чинит што чинимо,
не смијемо јавит што је јавно;
неке мисли на врат товаримо
ка да посла до мислит немамо,
ка да чинит што треба не знамо.
Кад сам годе много размишљава,
вазда ми се поса повукова.
Ко разгађа, у нас, не погађа.

Владика Данило виђе да су се окупили сви, па и он изиђе међу њих.

Вук Мићуновић

Не држи нас овако, владико,

но отршај оволико људства.
Свако гледа што ће чут од тебе,
а ти си се нешто замрсио:
нит' што збориш нити нас отршаш,
у образ си као земља доша;
сам се шеташ пољем без никога,
нит' што једеш нити заспат можеш.
крупно нешто учиш у памети, -
збили ти се снови на Турчина, -
а ја зебем од много мишљења.

Владика Данило

Слушај, Вуче, и остала браћо!
Ништа ми се немојте чудити
што ме црне растезају мисли,
што ми прса кипе са ужасом.
Ко на брдо, ак' и мало, стоји
више види но онај под брдом;
ја повише нешто од вас видим -
то је срећа дала ал' несрећа.
Не бојим се од вражјега кота,
нека га је ка на гори листа,
но се бојим од зла домаћега.
Бијесна се братства истурчила;
тек домаће нападнемо Турке,
свој својега никад пуштат неће;
разлучи се земља на племена,
крвава се исклати племена,
враг ђаволу дођи у сватове
те свијећу српску угасити!
Зло се трпи од страха горега.
ко се топи хвата се за пјену;
над главом се надодају руке!

Кнез Раде (брат владичин)

Што се мрчи када коват нећеш?
Што збор купиш кад зборит не смијеш?
Пријеђе си им с коца утекао,
дабогда им скапа на ченгеле!
Жалиш нешто, а не знаш што жалиш;
с Турцима ратиш, а Турке својакаш,
домаћима тобож да с' умилиш,
а једнако, немој се варати!
Како би им запа, да те могу,
главу би ти онај час посјекли
ал' ти живу руке савезали
да те муче, да срце насладе.
Врана врани очи не извади;
брат је Турчин свуд један другоме.
Него удри докле махат можеш,
а не жали ништа на свијету!
Све је пошло ђавољијем трагом,
заудара земља Мухамедом.

Војвода Батрић *(кнезу Раду)*

Имаш разлог, али не толико.
То се могло све љепше казати,
да му тако ране не вријеђаш
и грком га не отрујеш тугом.

Сви муче, нико ни у нос.
Ноћ је мјесечна; сједе око огњевах и коло на Вељем гувну поје.

Коло

Чашу меда јошт нико не попи
што је чашом жучи не загрчи;
чаша жучи иште чашу меда,
смијешане најлакше се пију.

Бег Иванбег, јуначко кољено,
бораше се као лаф с Турцима
на све стране у горе крваве.
Полу земље Турци му узеше,
но пошто је сву облише крвљу
и пошто му брата изгубише,
змаја љута војводу Уроша,
на широком пољу Ћемовскоме.
Жали Иван брата јединога:
жалије му војводе Уроша
но обадва да изгуби сина;
жалије му војводе Уроша
но сву ову земљу што је изгубио;
жалије му војводе Уроша
него очи да је изгубио, -
да би очи за брата Уроша!
Јунаку се чешће путах хоће
ведро небо насмијат грохотом.
Иван часом наздрави освете,
светим пићем, Богом закршћеним.
Б'јеле власе низ плећи просуо,
б'јела брада вије до појаса;
руке старе, у њих мач и копље,
крваве му руке и оружје;
корацима броји турско трупје,
скаче старац како хитро момче.
Боже драги, да га сан не вара
те овако старац узлетио?
Срећа се ја стара пробудила:
у Каруче, на крају Црмнице,
од петнаест хиљадах Тураках
не пустише жива ниједнога;
и данас је побјено мраморје
дивне славе Црнојевић-кнеза.
Бог да прости Урошеву душу!
Красне жертве што јој учинише.

Вук Мићуновић

Без муке се пјесна не испоја,
без муке се сабља не сакова!
Јунаштво је цар зла свакојега,
а и пиће најслађе душевно,
којијем се пјане покољења.
Благо томе ко довијек живи,
имао се рашта и родити!
Вјечна зубља вјечне помрчине
нит' догори нити свјетлост губи.

Владика Данило *(међу свима као да је сам)*

Ђе је зрно клицу заметнуло,
онде нека и плодом почине.
је ли инстинкт ал' духовни вођа,
Овде људско запире познање!
Вук на овцу своје право има
ка тирјанин на слаба човјека.
Ал' тирјанству стати ногом за врат,
довести га к познанију права,
то је људска дужност најсветија!
Ако сабљу пољубиш крваву
и запловиш у ноћне валове,
сљедује ти праху светковање.
Жрец Европе с светога амвона
хули, пљује на олтар Азије;
ломи тешки топуз азијатски
свете куле под сјен распјатија.
Крв праведна дими на олтаре,
ћивоти се у прах развијаше.
Земља стење, а небеса ћуте...
Луна и крст, два страшна символа -
њихово је на гробнице царство.
Сљедоват им ријеком крвавом
у лађици грдна страданија,

то је бити једно или друго.
Али хула на свештени ћивот
који га је млеком одранио -
то ми прса у тартар претвара.
Чвор не треба на праву младику;
што ће луна на крст страданија,
што л' бијела сунцу на зјеницу?
Вјеро права, кукавна сирото!
Страшно племе, доклен ћеш спавати?
Неки један, то је ка ниједан,
нако да је више мученија.
Вражја сила одсвуд оклопила;
да је игђе брата у свијету
да пожали, ка да би помога.
Помрчина нада мном царује,
мјесец ми је сунце заступио.
Ух, што мислим, куд сам запливао?
Младо жито, навијај класове,
пређе рока дошла ти је жњетва.
Дивне жертве видим на гомиле
пред олтаром цркве и племена;
чујем лелек ђе горе пролама.
Треба служит части и имену.
нека буде борба непрестана,
нека буде што бити не може -
нек ад прождре, покоси сатана!
На гробљу ће изнићи цвијеће
за далеко неко покољење.

Сердар Вукота

Бог са нама и анђели божји!
А ево си удрио, владико,
у некакве смућене вјетрове,
ка у марчу кад удри вјештица
ал' у јесен мутну вједогоња.

Владика се трза као иза сна.

Владика Данило

Удри за крст, за образ јуначки,
ко гођ паше свијетло оружје,
ко гођ чује срце у прсима!
Хулитеље имена Христова
да крстимо водом али крвљу!
Тријебимо губу из торине!
Нек пропоје пјесна од ужаса,
олтар прави на камен крвави!

Сви главари скоче на ноге с великом грајом:
Тако, већ никако!

Владика Данило

Не... не... сјете да и јошт зборимо!
Ја бих, браћо, с општег договора
да главаре браће истурчене
дозовемо на општему скупу,
да им дамо вјеру до растанка,
еда би се како обратили
и крвави пламен угасили.

Сердар Јанко

Хајд, владико, и то обидимо,
ма залуду, на ти божју вјеру!
Што се црним задоји ђаволом,
обешта се њему довијека,
Они ће нам и без вјере доћи,
међу нама стати надебљати;
какве су ти они поглавице,
називљу се цареви синови!

Отправише три четири друга да позову на скуп турске поглавице.

Коло поје

Љута клетва паде на изрода!
Прокле мати од невоље сина,
те књегиња Иванбеговица,
прокле Мара свог сина Станишу.
Прогризе јој сису у посање,
рајско пиће просу у њедрима.
Стиже ђецу родитељска клетва!
Станиша је образ оцрнио,
похулио на вјеру Христову,
на јуначко племе Црнојево;
обука се у вјеру крвничку
и братске је крви ожеднио.
Грдне треске поврх Љешкопоља!
Два се брата боре око вјере,
а око њих хиљаде ратниках.
Стиже сина материна клетва,
погибе му војска сваколика.
бјежи Станко управ Бајазиту,
да с њим једе маџарске носове.
О гњијездо јуначке свободе,
јесте ли те Бог нагледа оком,
много ли се муке пренијело,
многе ли те чекају побједе!

Дођоше поглавице турске, около седам осам, и посједаше с Црногорцима, сви муче и гледају преда се.

Кнез Јанко

Које се се јаде скаменили?
Што разговор какав не почнете,
но поспасте и позамрцасте?

Хаџи-Али-Медовић кадија

Баш аферим, кнеже озринићки!
Ја ћу почет, када други неће.
Стотина се скупило главарах,
нас Тураках и Црногорацах.
Ја знам дивно што смо окупљени:
да миримо крви међусобне.
Него хајте, од земље главари,
међу собом да начин видимо
и смиримо двије породице,
Велестовце и Турке ћеклићке,
па Бајице и братство Алиће, -
да радимо да их помиримо
ал' од мира вјеру ухватимо.
Ја ћу први поћи пред кумама,
ја за главе братско мито дати.
Тек смиримо, динар прекинимо
и крвнице пушке објесимо!

Кнез Роган

Ефендија, ти не угонета
око шта се ово окупило,
но си с краја почео тањега.
А мудар си и књижевник, кажу.
Учио си књигу у Цариград,
не некакву ћабу притврдио.
Али ти се јошт хоће памети -
потежа је ова наша школа.

Мучи опет а свак и гледа преда се.

Владика Данило

Боже драги, који све управљаш,
који сједиш на престол небесни

те могућним зажижеш погледом
сва свијетла кола у простору;
ти, који си развија прашину
испод твога трона свијетлога
и назва је твојим мировима,
те си прашак сваки оживио,
насија га умнијем сјеменом;
ти, те књигу држиш миробитну,
у коју су судбе уписате
мировима и умним тварима,
који се се милосно склонио
дјејателне оживит членове
малом мраву ка гордоме лафу, -
проведри ми више Горе Црне,
уклон' од ње муње и громове
и смућени облак градоносни!
Да, нијесу ни криви толико;
премами их невјера на вјеру
улови их у мрежу ђавољу.
Што је човјек? Ка слабо живинче!

Погледају се Турци испод очих.

Мед за уста и хладна приоња,
а камоли млада и ватрена!
Слатка мама, но би на удицу:
Пиј шербета из чаше свечеве,
ал' сјекиру чекај међу уши!
Страх животу каља образ често;
слабостима смо земљи привезани,
ништава је, него тврда веза.
Али тице те су најслабије
лови свјетлост лисичијех очих,
него орла кријући гледају.
За врснијем братом али сином
пусти гласи милост утростручe;
нађено је драже негубљена;

иза туче ведрије је небо,
иза туге бистрија је душа,
иза плача веселије поједш.
Ох, да ми је очима виђети
Црна Гора изгуб да намири!
Тад би ми се управо чинило
да ми св'јетли круна Лазарева,
е слетио Милош међу Србе;
душа би ми тада мирна била
како мирно јутро у прољеће
кад вјетрови и мутни облаци
дријемају у морској тавници.

Турци се мрко погледају.

Скендер-Ага

Ја се чудим, лијепе ми вјере,
какав даваш приговор, владико!
Видије ли суда од два пића,
али капе за по двије главе?
Мањи поток у виши увире,
код увора своје име губи,
а на бријег морски обојица.
Оли челе хватат у капицу
да уљаник у гори заметнеш?
Нико меда отле јести неће.-
Гониш камен бадава уз гору.-
Старо дрво сломи, не исправи.-
И звјерад су исто као људи,
род свакоји своју вјеру има;
за кокошку и орла не питам,
но што стрепи лаф од гуске, кажи!

Кнез Роган

Ја се овој и чудим работи!

Поп грешника за грехове пита,
да га ђаво није превластио,
а ђавола јошт нијесам гледа
да се попу исповиједао.

Кнез Јанко

Кад ме жена пита ђе сам био,
казаћу јој да сам со сијао.
Куку њојзи ако не вјерова!

Кнез Бајко

Сад ми паде на ум она прича
кад онога из јаме вадише:
по му лица црно, по бијело.

Обрад

Улеће ми једна муха у нос,
штета ће ме нечесова наћи.

Вук Раслапчевић

Како су ми длани засврбили,
да се хоће ко ђе посвадити,
бисмо глобе големо узели.

Војвода Милија

Тешке пушке, игђе ли икога!
Ка је носиш, Бог-ти-братска, Станко?

Војвода Станко *(Љуботињанин)*

Теке, брате, што се дерем њоме,
ево неко доба не ваља ми.

Сердар Јанко

Како сам се синоћ исмијао!
У кућу ми однекуд дођоше
два момчета, те красна, бјеличка.
Почеше се шалит ка умију:
како су им неки од старијих
оградили негђе воденицу
ђе нити је сплаке ни потока;
кад пригради, спази се за воду!

Вук Мандушић

Бјеше ми се снаха помамила,
без путах је ништа одржати!
Отвара' јој књиге на пророке;
неки каже: На сугреб је стала,
неки каже: Сплеле је мађије.
Свуд је води по манастирима
и чита' јој масла и бденија;
куми врага у све манастире
да остави снаху Анђелију,
куми врага-ништа не помаже!
Те ја узми троструку канџију,
ужени јој у месо кошуљу:
враг утече некуд без обзира,
а оздрави снаха Анђелија.

Војвода Батрић

Турци браћо, - у кам ударило!-
што ћемо ви крити у кучине?
Земља мала, одсвуд стијешњена,
с муком један у њој остат може
какве силе пут ње зијевају;
за двострукост ни мислит не треба!
Но примајте вјеру прађедовску,

да бранимо образ отачаства.
Ћуд лисичија не треба курјаку!
Што јастребу оће наочали?
Но ломите мунар и џамију,
па бадњаке српске налагајте
и шарајте ускрсова јаја,
часне двоје постах да постите;
за остало како вам је драго!
Не шћесте ли послушат Батрића,
кунем ви се вјером Обилића
и оружјем, мојијем уздањем,
у крв ће нам вјере запливати,-
биће боља која не потоне!
Не сложи се Бајрам са Божићем
Је л' овако, браћо Црногорци?

Сви из гласа:
Тако, већ никако!

Мустај-Кадија

Што зборите? Јесте ли при себи?
Трн у здраву ногу забадате!
Каква јаја, посте и бадњаке
ви на праву вјеру товарите?
Рад ноћи се зубље увијају,
али што ће у сунчане зраке?
Алах, море, мудра разговора!
Крст и некрст све им је на уста;
снијевају што бити не може.
Богу шућур, двјести су годинах
отка паши вјеру прихватисмо,
измећари дину постадосмо.
Ћабо света, нема у нас хиле!
Што ће слабо раскршће липово
пред остротом витога челика?
Светац прави махне ли топузом,

од удара заигра му земља
како празна поврх воде тиква.
Мало људство, што си засл'јепило?
Не познајеш чистог раја сласти,
а бориш се с Богом и с људима,
без надања живиш и умиреш.
Крсту служиш, а Милошем живиш!
Крст је ријеч једна сухопарна,
Милош баца у несвијест људе
ал' у пјанство неко пређерано.
Вишеваља дан клањања један
но крштења четири године.
О хурије, очих плаветнијех,
те мислите са мном вјековати,
ђе та сјенка, што је дићи може
да ми стане пред вашим очима?
пред очима које стријељају,
које камен могу растопити,
а камоли слабога човјека,
рођенога да се од њих топи;
пред очима воде пребистрене,
ђе у двије свештене капљице
предјел шири видиш божје силе
но с планине у прољетње јутро
што га видиш над бистром пучином!
О Стамболе, земаљско весеље,
купо меда, горо од шећера,
бањо слатка људскога живота,
ђе се виле у шербет купају;
О Стамболе, свечева палато,
источниче силе и светиње,-
Бог из тебе само бегенише
чрез пророка са земљом владати!
Што ће мене од тебе одбити?
Сто путах сам у мојој младости
из миндера у зору хитао
на твој поток бистри и чудесни,

над којијем огледујеш лице
љепше сунца, зоре и мјесеца.
У небу сам, у мору, гледао
твоје куле и остре мунаре,
с којих су се к небу подизали
у свануће, у дивну тишину,
хиљадама свештени гласови,
гласећ небу име свемогуће,
земљи име страшнога пророка.
Каква вјера с овом да се мјери?
Какав олтар ближе неба стоји?

Кнез Јанко

Ефендија, овако ти хвала!
(подиже капу)
Лијепу ни ишчита предику:
што тражили, оно смо и нашли!

Вук Мићуновић

Крст и топуз нека се ударе,
коме прсне чело, куку њему!
Јаје здраво добије сломљено.
Што узмогнем, чућете хоћу ли!

Кнез Јанко

Ема нећу, божија ви вјера,
више слушат оџе у Ћеклиће
ђе гугуће сврх оне стуглине
ка јејина сврх труле буквине!
Кога зове уз оне главице
свако јутро како зора сине?
Ја мним га је доиста дозвао,-
јер ми није лакши, што ћу крити,
него да ми на врх главе стоји.

Кнез Роган

Лијево ми ухо сад запоја,
ја се надам веселоме гласу.

Вук Мандушић

Дану, Бајко, пухни ми у око,
јере ми се грдно натрунило.

Сердар Јанко

Укрешите који да пушимо!
То је душа вјери пророковој,
неће бити жао ефендији.

Томаш Мартиновић

Гавранови грачу и бију се,
цијене ће брзо меса бити!

Вукота Мрваљевић

Не прелаз' ми преко пушке, Бајко,
но се натраг преко ње поврати!

Вук Мићуновић *(шапти на ухо сердару Јанку)*

Овај држи за реп аџи-Аџа,
и пуштит га задовијек неће
док погине кучка али жрвни.

Скендер-Ага *(Види Вука ђе шапти; није му мило)*

Што је ово браћо Црногорци?
Ко је овај пламен распалио?
Откуд дође та несрећна миса

О превјери нашој да се збори?
Нијесмо ли браћа и без тога,
у бојеве јесмо ли заједно?
Зло и добро братски дијелимо.
Коса млада на гробље јуначко
сипље ли се булах ка Српкињах?

Сердар Вукота

проклета земљо, пропала се!
Име ти је страшно и опако.
Или имам младога витеза,
уграбиш га у првој младости;
или имах чојка за човјество,
свакога ми узе прије рока;
или имах китнога вијенца
који круни чело невјестама,
пожњеш ми га у цв'јету младости.
У крв си се мени претворила!
Истина је, ово није друго
до гомиле костих и мраморах
на којима младеж самовољна
показује торжество ужаса.
О Косово грдно судилиште,
насред тебе Содом запушио!

Вук Мићуновић

Пи, сердаре, грдна разговора!
Што су момци прсих ватренијех,
у којима срца претуцају
крв уждену пламеном гордошћу?
Што су они? Жертве благородне
да прелазе с бојнијех пољанах
у весело царство поезије,
како росне свијетле капљице
уз веселе зраке на небеса.

Куд ће више бруке од старости?
Ноге клону, а очи издају,
узблути се мозак у тиквини,
пођетињи чело намрштено;
грдне јаме нагрдиле лице,
мутне очи утекле у главу,
смрт се гадно испод чела смије
како жаба испод своје коре.
Што спомињеш Косово, Милоша?
Сви смо на њем срећу изгубили;
ал' су мишца, име црногорско
ускрснули с косовске гробнице
над облаком, у витешко царство,
ђе Обилић над сјенама влада.

Сердар Иван Петровић

С Мухамедом и глупост у главу!
Тешко, Турци, вашијем душама,
што облисте земљу њеном крвљу!
Малене су јасли за два хата.

Ферат Зачир, кавазбаша

Јок, сердаре, не угађеш путом!
Вјера турска поднијет не може
да се хаба докле глава скочи.
Иако је земља поузана,
двије вјере могу се сложити,
ка у сахан што се чорбе слажу.
Ми живимо као досад братски,
па љубови више не требује.

Кнез Јанко

Бисмо, Турци, али се не може!
Смијешна је ова наша љубав.

Грдно нам се очи сусретају,
не могу се братски погледати,
но крвнички и некако дивље:
очи зборе што им вели срце.

Вук Мандушић

Глете, људи, лијепа сарука!
Ђе га купи, ага, аманати?

Арслан-Ага Мухадиновић

Нијесам га, Вуче, куповао,
но ми га је везир поклонио
кад сам љетос у Травник ходио.

Вук Мандушић

Љубови ти, набави ми такви!
Даћу вола за њега из јарма.

Арслан-Ага Мухадиновић

Ја ћу ти га поклонити, Вуче,
тек ако ћеш да се окумимо;
мило ми је с таквијем јунаком.

Вук Мандушић

Нема кумства без крштена кумства,
ако хоћеш и четвороструко.

Арслан-Ага Мухадиновић

Шишано је исто ка кршћено.

Вук Мандушић

Кум ћу бити, а прикумак нигда!

Велика граја и правдање међу Турцима и Црногорцима, него мудрији раздвајају да се не покољу, све умуча, нико ништа

Коло

Три сердара и два војеводе
са њихово триста соколовах,
соко Бајо су тридест змајевах
мријет неће док свијета траје.
Дочекаше Шенђера везира
уврх равне горе Вртијељке
и клаше се љетњи дан до подне.
Не кће Србин издати Србина
да га свијет мори пријекором,
траг да му се по прсту кажује
ка невјерној кући Бранковића;
но сви пали један код другога,
пјевајући и Турке бијући,
а тројица само претекоше
под гомиле мртвијех Туракахрањене
их Турци прегазили.
Дивне смрти, просто им млијеко!
Јунацима Бог ће учинити
спомен души а прекаду гробу!
Три хиљаде момка једнакога
на Шенђера удрише везира
прије зоре на поље крстачко.
Прегаоцу Бог даје махове!
Раскрхаше силу Шенђерову.
Благо томе ко се ту нагнао,
већ га ране не боле косовске,
већ Турчина ни за што не криви.
Витезови, Срби вртијељски,

лучa ће се вазда призирати
на гробницу вашу освештену!

Доходе десет кавазах из Подгорице од везира новога, који облази царство, и дају владици Данилу писмо, владика га чита, замишљен

Војвода Батрић

Кажʼ, владико шта ти везир пише.
Већ нећемо да се крије ништа,
сви ако ће окрилатит Турци!

Владика *(чита писмо од ријечи до ријечи)*:

Селим везир, роб роба свечева,
слуга брата сунца свијетскога,
а посланик од све земље цара.
На знање ви, главари с владиком!
Цар од царах мене је спремио
да облазим земљу свуколику,
да уредбу видим како стоји:
да се вуци не преједу меса;
да овчица која не занесе
своје руно у грм покрај пута;
да подстрижем што је предугачко,
да одлијем ђе је препунано;
да прегледам у младежи зубе
да се ружа у трн не изгуби,
да не гине бисер у буниште;
и да раји узду попритегнем,
е је раја ка остала марва.
Па сам чуо и за ваше горе.
Породица света Пророкова
зна јунаштву праведну цијену.
Лажу људи што за лафа кажу
да се миша и најмање боји.

Хајте мени под мојим шатором,
ти, владико, и главни сердари,
само да сте цару на бјељегу,
за примити од мене дарове,
па живите као досле што сте.
Јаки зуби и тврд орах сломе;
добра сабља топуз иза врата,
а камоли главу од купуса.
Шта би било одучити трске
да не чине поклон пред орканом?
Ко потоке може уставити
да к сињему мору не хитају?
Ко изиде испод дивне сјенке
Пророкова страшнога барјака,
сунце ће га спржит као муња.
Песницом се нада не растеже!
Миш у тикви - што је него сужањ?
Узду глодат - да се ломе зуби!
Небо нема без грома цијену.
У фукаре очи од сплачине.
Пучина је стока једна грдна -
добре душе, кад јој ребра пучу.
Тешко земљи куда прође војска!

Кнез Јанко

Трговац ти лаже са смијехом,
жена лаже сузе просипљући;
нико крупно ка Турчин не лаже!

Сердар Јанко

Не држимо ове поклисаре,
него да се брже отршају
да им паша штогод не двоуми.
Нек зна пријед, па чини што може!

Вук Мићуновић

Отпиши му како знаш, владико,
и чувај му образ ка он теби!

Владика Данило *(отпишује)*:

Од владике и свијех главарах
Селим-паши отпоздрав на писмо.
Тврд је орах воћка чудновата,
не сломи га, ал' зубе поломи!
Није вино пошто прије бјеше,
није свијет оно што мишљасте.
Барјактару дариват Европу-
грехота је о том и мислити!
Веља крушка у грло западне.
Крв је људска рана наопака,
на нос вам је почела скакати;
препунисте мјешину гријеха!
Пуче колан свечевој кобили.
Леополдов храбри војевода,
Собијевски, војвода савојски
саломише демону рогове.
У ћитапу не пише једнако
за два брата једноимењака.
Пред Бечом је Бурак посрнуо,
обрнуше кола низа страну.
Не требује царство нељудима,
нако да се пред свијетом руже.
Дивљу памет а ћуд отровану
дивљи вепар има, а не човјек.
Коме закон лежи у топузу,
трагови му смрде нечовјеством.
Ја се сјећам што си рећи хтио.
Трагови су многи до пећине-
за горске се госте не приправља!
У њих сада друге мисли нема

до што остре зубе за сусједе,
да чувају стадо од звјеради.
Тијесна су врата уљанику,
за међеда скована сјекира.
Јошт имате земље и овацах,
па харајте и коже гулите!
У вас стење на свакоју страну
зло, под горим, као добро, под злом.
Спуштавах се ја на ваше уже,
умало се уже не претрже;
отада смо виши пријатељи,
у главу ми памет уђерасте.

Сврши писмо и чита га наглас пред свијема (Црногорцима и Турцима)

Кнез Роган

Ето писмо, па сад пут за уши!
Дајте му га да се разговори.

Посланици везирски, невесели, одлазе

Вук Мићуновић

Држ, рицале, узми овај фишек,
понеси га на поклон везиру
и кажи му да је то цијена
које драго главе црногорске.

Рицал Осман

Какав фишек на поклон везиру,
самовољни кавурски хајдуче!
Не збори се тако с везирима,
но ђе дођу доносе грозницу,
сузе скачу саме на очима

и захучи земља од кукања!

Вук Мићуновић

Да нијеси у кућу дошао,
знао бих ти одговорит дивно;
ема хоћу нешто свакојако.
Зар обадва нијесмо хајдуци?
Он је хајдук робља свезанога,
он је бољи е више уграби;
ја сам хајдук те гоним хајдуке,
гласнија је моја хајдучина.
Ја не пржим земље и народе,
ама многи грдни мучитељи
на нос су се преда мном побили;
многе буле ваше кукајући,
за мном црна клувка размотале.

Одоше кавази везирски. - Бију се два кокота код скупштине.

Кнез Роган

Видите ли ова два ђавола!
Око шта се они два поклаше,
један другом очи ископаше?
За њима су тридест кокошаках,
могу живјет као два султана
да им даде некаква несрећа.
И што ми је до њихове свађе-
а воли бих да надјача мањи;
а ти, ага, браде ти свечеве?

Скендер-Ага

А ја воли да надјача виши.
Рашта га је Бог вишега дао:
кад је виши, нека је и јачи!

Ноћ је мјесечна, сједе око огњевах и коло на веље гувно поје.

Коло

Нови Граде, сједиш накрај мора,
и валове бројиш низ пучину
како старац, на камен сједећи,
што набраје своје бројанице.
Дивна санка што си онда снио!
Млечићи те морем подузеше,
Црногорци гором опасаше;
састаше се у твоје зидове,
окропише крвљу и водицом-
те од тада не смрдиш некршћу.
Топал-паша су двадест хиљадах
да поможе Новоме хиташе;
сретоше га млади Црногорци
на Камено, поље поузано.
Турској капи ту име погину,
сва утону у једну гробницу;
мож и данас вијђет коштурницу.

Полијегаше

Вук Мићуновић *(лежи заједно са сердаром Јанком)*

Куд, сердаре, хоћеш с том пасином?

Сердар Јанко

Да је метнем одзгор сврх хаљинах.

Вук Мићуновић

Које ће ти јаде сврх хаљинах?

Сердар Јанко

Притиска ме све несрећна мора;
како заспим, не да ми кркнути.

Вук Мићуновић

Каква мора и каква зла срећа!
Ту нити је море ни вјештице,
но си ето ка чабар дебео,
па те сало кад лежеш задуши.
Мене никад још притисла није.

Сердар Јанко

А мени је она додијала.
Свагда носим рена уза себе,
и трнову драчу у оптоку;
али од ње ништа боље није
но пас пружит одзгор сврх хаљинах.

(Кнез Јанко лежи с кнезом Роганом)

Кнез Јанко

Како смрде ове потурице!
Опажаш ли ти штогод, Рогане?

Кнез Роган

Ка у зли час, кнеже, не опажам!
Кад близу њих сједим у скупштину,
ја нос држим свагда у рукама;
да не држим, ја бих се избљувао.
Па сам с тога на крај и утека,
е близу њих не бих оснануо.
Ево видиш како смо далеко,

и опета она тешка воња
од некрсти овде заудара.

Мртво доба ноћи, све спава, неко збори кроза сан. Дигни се кнез Јанко и кнез Роган да виде ко је, кад онамо ал' Вук Мандушић говори као на јави.

Кнез Роган

Који су ти јади, Мандушићу,
те се сву ноћ с неким разговараш?

Кнез Јанко

Не, Рогане, немој га будити,
е он у сан ка јави збори;
е ћемо га штогод распитати,
да се барем добро исмијемо.

Кнез Јанко

Дану, Вуче, што оно збораше
за нашега бана Милоњића?
Је ли чегрст каква међу вама?

Вук Мандушић

Није, брате, ништа међу нама,
но му нешто око снахе зборим.

Кнез Јанко

А што је то, кажи ми натајно!

Вук Мандушић

Љепша му је од виле бијеле!

Нема пуно осамнаест љетах,
живо ми је срце понијела!

Кнез Јанко

Рашта ти је срце понијела?

Вук Мандушић

Има рашта, ругаш ли се збиља?
Рашта друге нема на свијету!
Да нијесам с Баном Милоњићем
деветороструко кумовао,
бих му младу снаху уграбио,
па с њом бјежа главом по свијету.

Кнез Јанко

Не ђетињи, кукала ти мајка!
Збиља ти је сву памет попила.

Вук Мандушић

Ал' је ђаво, али су мађије,
али нешто теже од обоје?
Кад је виђу да се смије млада,
свијет ми се око главе врти.
Па све могах с јадом прегорети,
но ме ђаво једну вечер нагна,
у колибуноћих Милоњића.
Кад пред зору, и ноћ је мјесечна,
ватра гори насред сјенокоса,
а она ти од некуда дође;
украј ватре сједе да се грије.
Чује да свак спава у колибе.
Тада она вијенац расплете,
паде коса до ниже појаса;

поче косу низ прса чешљати,
а танкијем гласом нарицати,
како славља са дубове гране.
Тужи млада ђевера Андрију,
мила сина Милоњића Бана,
који му је ланих погинуо
од Тураках у Дугу крваву.
Па се снахи не дао острићи:
жалије му снахин в'јенац било
него главу свог сина Андрије.
Тужи млада, за срце уједа,
очи горе живје од пламена,
чело јој је љепше од мјесеца,-
и ја плачем ка мало дијете.
Благо Андри ђе је погинуо-
дивне га ли очи оплакаше,
дивна ли га уста ожалише...

Кнез Роган *(шапти кнезу Јанку)*

Не питај га, аманати, за такве ствари, док се није што изблеја.

Зора је; буде се и дижу.

Обрад

Да ви причам што ми се приснило.
Народа се бјеше много дигло,
као некуд да крсте носимо;
сунце пече да очи искоче,
и тврђа је кудијен идемо.
Док сидемо ка на ово поље,
починемо под једну јабуку,
испод које и поточић враше.
Сви се у хлад под њом сабијемо,
уберемо зрелијех јабуках,

као цукар свака бјеше слатка;
поп очита под њом еванђеље.
У то доба пет Мартиновићах
дигоше се један за другијем
и за њима три четири друга.
Сав их народ гледа кад одоше;
а они ти стубе, те уз цркву:
на олтар се од цркве попеше
и на њему крст златни метнуше.
Крст засија ка на гори сунце,
и сав народ на ноге устаде,
часноме се крсту поклонише.
У томе се разбудих од страха.

Вук Мићуновић *(лежи заједно са сердаром Јанком)*

Срећан био, дивно ли си снио!
На чудо сам и ја на сан био
бранећи се од некијех пасах,
и пет шест сам мачем пресјекао.
Да сам ђегод у чету кренуо,
доиста се бих покла с Турцима.

Сердар Јанко

Ја сам ноћас био у сватове
и са булом женио Богдана;
у цркву је нашу покрстисмо,
покрстисмо, па их привјенчасмо.

Турци један за другијем сви одоше, љуто сјетни.

Сердар Вукота

Ја сам Озра ноћас на сан гледа.
Бјесмо пошли двјеста Озринићах,
и толико поћерали коњах,

да узмемо пуње аранђелско.
И врати се с пићем из Котора.
Поју људи, гађу из пушаках.
Кад дођосмо наврх Поточинах,
али сједе око триста другах;
на свакога зелена долама,
на свакоме токе и оружје.
Помислимо: ко ће оно бити?
Какви гости?-Није им вријеме.
Кад али је оно стари Озро
и бирани за њим Озринићи.
(није од њих ни једнога жива)
Пуче на нас сваке грдне јаде
што у Чеву цркву не градимо
Аранђелу, да ни свуд помага.
Ондена се мало не покласмо,
и сад дрхтим од његова страха!

Вукота Мрваљевић

Ја по сву ноћ пртљам и снијевам;
док се дигнем, ја све заборавим.

Кнез Бајко је сјетан, и Вук Мандушић; они два не хоће ништа да причају.

Кнез Јанко

Кнеже Бајко, ти си нешто сјетан?
Што ће бити, то не може проћи,
него причај, да и није мило.

Кнез Бајко

Хоћу, кнеже, све ми једно бива.
Ја сам ноћас грдан сан видио:
све оружје своје у комате.

Без зла ми се обићи не може
и без неке братске погибије,
јер кад год сам такви сан гледао,
приправља сам што мрцу требује.

Кнез Роган

Мандушићу, што си невесео?
Што не причаш што си ноћас снио?

Вук Мандушић

Ни што снио ни причат умијем,
но сам сву ноћ као заклан спава.

Кнез Роган

Ја ћу причат, кад сви остависте:
виђех на сан Драшка Поповића!
А мени се ка у зарок стјеца,
и река бих, ето га низ поље.

Сердар Радоња

Гледај чуда, што је јадни човјек!
Ми се досад ништа не сјећасмо
најбољега нашега војводе.
А ђе био Драшко Поповићу?

Сердар Вукота

Ходио је до у Млетке Драшко.
Када Шенђер на Котор удара,
ста град бити топом буковијем.
Поп Шћепан се тад у Котор нагна.
Годи једном топом са Котора,
Шенђерову погоди лубарду,

у грло јој зрном угодио-
сломи му је у триста коматах.
Тад задоби плату у принципа,
на годину стотину цекинах.
Поп је пао љуто од старости,
па је Драшко у Млетке ходио
да донесе од Млечића плату.

Кнез Роган

Навртите те пет шест овновах,
да ручамо, да дома идемо.

Дође Драшко војвода па се са свијема грли и целива, па сједе међу њима.

Кнез Роган

Причај штогод, Драшко, од Млетаках!
Какав народ бјеше на те стране?

Војвода Драшко

Какав народ, питаш ли, Рогане?
Ка остали - не бјеху рогати.

Кнез Роган

Знамо, чоче, нијесу рогати,
но бјеху ли згодни и богати?

Војвода Драшко

Бјеше, брате, доста лијепијех,
а грднијех десет пута више;
од бруке се гледат не могаху.
Богатијех бјеше поголемо;

од богатства бјеху полуђели,
ђетињаху исто као бебе.
Сви нуглови пунани празновах;
мучаху се, да им очи прсну,
да одеру кору леба суха.
Гледао сам по два међу собом
ђе упрте какву женетину
тјелесине мртве и лијене
(потегла бих по стотину оках!)
па је носе проз градске улице
усред подне тамо и овамо.
Не боје се частии поштењу,
тек да стеку да се ками ране.

Кнез Јанко

Бјеху ли им какве куће, Драшко?

Војвода Драшко

Бјеху куће на свијет дивота!
Ама бјеше муке и невоље:
ћескота их несретња дављаше,
смрад велики и тешка запара,
те немаху крви у образу.

Вук Мићуновић *(лежи заједно са сердаром Јанком)*

А како те збиља, дочекаше?

Војвода Драшко

Ко м' у зли час дочекива, Вуче?
Ја нијесам ни позна никога,
а камоли да ме ко дочека,
но ми она ружна мјешавина
не даваше из куће изаћи.

Свагда граја бјеше око мене
када хоћах по граду изаћи,
као у нас бијеле неђеље
кад се крену момчад у машкаре.
Да једнога не би пријатеља,
главом сина Зана Грбичића,
свога дома већ не ћах гледати,
него кости тамо оставити.
А он ме је братски дочекао,
водио ме свуда по Млеткама.

Вук Мандушић

А бјеху ли јунаци, војвода?

Војвода Драшко

Не, божја ти вјера, Мандушићу!
О јунаштву ту не бјеше збора.
Него бјеху к себи домамили,
домамили па их похватали,
јадну нашу браћу соколове,
Далматинце и храбре Хрвате;
па бродове њима напунили
и тиска' их у свијет бијели,
те довукуј благо из свијета
и притискај земље и градове.

Сердар Иван

А судови бјеху ли им прави?

Војвода Драшко

Бјеху, брате, да те Бог сачува!
Мало бољи него у Турчина.
Бјеше једна кућа превелика

у којој се грађаху бродови;
ту хиљаду бјеху невољниках,
сви у љута гвожђа попутани,
те грађаху принципу бродове;
ту од плача и љуте невоље
не мили се уљести чојеку.
Једни сужњи бјеху приковани
у путима на веље бродове,
те возаху по мору бродове;
ту их љетње горијаше сунце
и дављаху кише и времена,
не могаху из везе шенути,
но, ка пашче кад га за тор свежеш,
ту чамају и дневи и ноћи.
Најгоре им пак бјеху тавнице
под дворове ђе дужде стојаше;
у најдубљу јаму коју знадеш
није горе ко у њих стојати.
Коњ хоћаше у њима цркнути,
човјек пашче ту свезат не шћаше,
а камоли чојка несретњега;
они људе све тамо везаху
и дављаху у мрачним избама.
Сав протрнем, да их Бог убије,
кад помислим за оно страшило.
Нико жалит не смије никога,
а камоли да му шта поможе.
Када виђех витешку невољу,
забоље ме срце, проговорих:
Што, погани, од људи чините?
Што јуначки људе не смакнете,
што им такве муке ударате?
Док Грбичић мени попришапта:
Немој такве говорит ријечи,
не смије се овде право зборит.
Твоја срећа - не разумјеше те
И чујте ме што вам данас кажем:

познао сам на оне тавнице
да су божју грдно преступили,
и да ће им царство погинути
и бољима у руке уљести.

Вук Мићуновић

Будили се ти тако проричеш,
мишљаху ли у свијет за кога?

Војвода Драшко

Нема тога ко с' не боји чега,
да ничега ано свога хлада.
Они страха другога немаху
до од жбирах и до од шпијунах;
од њих свако у Млетке дркташе.
Кад два зборе штогод на улицу,
трећи ухо обрне те слуша,
па онај час трци судницима,
кажи оно што они збораху
и попридај штогод и поглади.
Суд онај час она два ухвати,
па на муке с њима у галију.
Од тога ти бјеху погинули,
међу собом вјеру изгубили.
Колике су с краја у крај Млетке,
ту не бјеше ни једнога чојка
један другог који не држаше
за тајнога жбира и шпијуна.
Грбичић се мени кунијаше
да су једном жбири и шпијуни
облагали једнога принципа
пред сенатом и свијем народом,
и да су му главу откинули
баш на стубе његова палаца.
Како их се други бојат неће

кад могаше облагати дужда!

Кнез Јанко

А бјеше ли игре у Млеткама,
ка ово те се ми играмо?

Војвода Драшко

Бјеше игре, али другојаче.
У једну се кућу сакупљаху
пошто мркни и пошто вечерај.
Кућа бјеше сила од свијета,
ужди у њој хиљаду свијећах;
по зиду јој свуд бјеху пањеге,
цијеле се напуни народа,
тако исто и кућа остала;
свуд могаше из зида вићети
ђе вираху ка миши из гњ'језда.
Док се једна подиже завјеса,
трећи дио од куће отвори.
Боже драги, ту да видиш чуда.
Ту измиље некаквога пука,
то ни у сан никад доћ не може,
сви шарени као дивље мачке.
Док их стаде по кући кривања,
ђе ко бјеше запљаска рукама;
имах мртав паднут од смијеха!
Мало стаде, они отидоше,
а за њима други изидоше.
Такве бруке, таквијех грдилах
нигђе нико јошт видио није!
Носине им по од кварта бјеху,
истрештили очи као тенци,
а зинули ка курјаци гладни;
а дрвене ноге насадили,
па иђаху као на кључеве;

облачили прње и јачине,-
усред подне да га човјек сретне,
сва би му се коса најежила.
Докле неко, да му Бог поможе,
из онијех пањегах завика:
"Бјеж, народе, е изгоре кућа!"
Боже драги, да ту бруку видиш.
Стаде јека, клепет и ломјава,
стаде писка, капе попадаше,
стотина их испод ногах оста;
све се наби, да кркнут не може,
као стока кад је звјерад гоне.
Те ми опет сјутрадан на игру,
кад у кућу нигђе нико нема,
но је пуста кућа затворена.
И јошт ћу ви једну спрдњу причат
(а знам чисто вјероват нећете):
видио сам људе у Млеткама
ђе на коноп скачу и играју.

Кнез Роган

То не може бит истина, Драшко,
него су ти очи замаштали.

Војвода Драшко

Не знам ништа, но сам их гледао;
и сам мислим да је маштаније.

Обрад

Ада што је него маштаније!
Ја сам чуо од једнога ђеда,
у Боку су једни доходили
из Талије, или откуд друго,
на наш пазар исти излазили,

па викнули цијелу народу:
"Погледајте онога кокота!"
Кад погледај онога кокота,
али шљеме за ногу потеже.
Кад онај час, није него сламка!
Другом викни: "Послушај народе,
свак ће сада грозд у руку имат,
грозду ће те бритве принијети,
ал' чувајте, да вас јад не нађе,
немој који грозда откинути!"
Докле свако за по грозд ухвати,
принијеше бритве гроздовима;
кад виђеше чудо невиђено:
сваки себе за нос дохватио,
догна бритву до својега носа!
Докле трећи саврх зида викну:
"Чуј, народе, не потопите се!"
У то рикни низ пазар ријека;
или било мушко или женско,
свак, да гази, уздигни хаљине.
Кад ни воде ни од воде трага,
но свак дига у пазар хаљине
и кренуо ка да воду гази!
Кад виђели е их погрдише,
скочи народ, и би их побили,
но утеци у Котор Латини.-
То играње исто је овакво
што на коноп играју, војвода!

Вук Мићуновић

Пojaxy ли уз гусле лијепо?

Војвода Драшко

Какве гусле и какву несрећу?
Ту за гусле и збора не бјеше!

Вук Мићуновић

Ада за сву игру без гусалах
ја ти не бих пару турску дао.
Ђе се гусле у кућу не чују,
ту је мртва и кућа и људи.

Сердар Радоња

За сваку те работу питасмо;
а гледа ли принципа, војвода?

Војвода Драшко

Гледах, брате, као тебе сада.

Сердар Радоња

А бјеше ли какав, аманати?

Војвода Драшко

Бјеше човјек те од средње руке;
да не бјеше под оним именом,
не шћаше се бојат од урока.

Сердар Радоња

Како ли се зваше, војевода?

Војвода Драшко

Валијеро... и већ не знам како.

Сердар Иван

Пита ли те што за ове краје?

Војвода Драшко

Пита, брате, не знам ни сам како.
Ја изидох пред њим с Грбичићем,
поклоних се како ми рекоше.
Пут мене се поосмјехну принцип,
распита ме за наше крајеве,
и шћах рећи љуби Црногорце,
јер спомену све редом бојеве
ђе су наши помогли Млеткама.
Па послијед поче ђетињити;
запита ме за наше сусједе,
за Бошњаке и за Арбанасе:
Кад ухвате - каже - Црногорца,
било жива ал' мртва у руке,
хоће ли га изјест, што ли раде?
Ђе изјести, ако Бога знадеш,
ка ће човјек изјести човјека?
Ма сам чуо - опет ми говори-
један народ тамо змије једе.
Какве змије, честити принципе?
А гадно је на пут погледати-
све се длаке најеже човјеку!Кнез Јанко
Ја мним те је дочека лијепо?

Војвода Драшко

Но лијепо, него прелијепо!
Обећа ми и што му не исках.
И помислих кад од њега пођох:
благо мени јутрос и довијек,
ево среће за све Црногорце,
дајбуди ћу повест доста праха
да с' имају чим бити с Турцима.
Кад послијед, све оно излиња,
ка да ништа ни зборено није.
И посад му не бих вјеровао

млијеко је да рече бијело.

Кнез Роган

А како те рањаху, војвода?
Бјеху ли им лијепа јестива?

Војвода Драшко

Ту не бјеше јела изван леба,
но донеси некакве преслачке,
по три уре лижи докле ручај.
Два дијела ту бијаше пука
јоште млади, а обезубили,
све лижући оне посластице.
Од жеље се сад наједох меса.

Вук Мићуновић

Фала Богу, јест велико чудо!
Види те ли овде у Котору
баш овога Совру провидура
и осталу господу млетачку?
Воли су ти кокош али јаје
него овна али груду сира.
Које чудо могу на годину
кокошаках они позобати!
Па погини у оно господство,
спушти куље, а обриви брке,
а поспи се по глави пепелом,
а брњице ка у жене уши.
Како тридест напуни годинах,
сваки дође као бабетина,
од бруке се гледати не може;
како пођи мало уза стубе,
ублиједи како рубетина
а нешто му заиграј под грлом,

рекао би, онај час умрије!

Сијеку пецива и сједоше на ручак. Сердар Јанко пита чи је брав те му он у плеће гледа, и кажу му да је Мартина Бајице.

Сердар Јанко

Дивна плећа, а дивно ли пише!
Благо теби за довијек, старче,
чудно ли ћеш нешто доживјети!

Кнез Роган

Које држе да је наша страна,
ал' од крста али је од стуба?

Кнез Јанко

Ми смо вазда од крста држали.

Кнез Роган

Хиљаду сам плећах оглодао,
али ове не viђех несреће.
Чије ово плеће те га гледам?
Његова се кућа угасила,
у њу неће кокота појати;
а ево је насред њега шупље
ка да га си силом прошупљио,
а по њему двадесет гробовах
и ни један није изван куће.

Сви гледају оно плеће и чуде се какво је. Питају од чијега је брава, и кажу им да је од брава Скендер-Аге Медовића.

Кнез Јанко *(гледа једно плеће и прича из њега)*

Има овај двадесет говеди,
гувно му је код куће лијепо,
на кућу му шљеме доста јако,
јаки су му и лијепи коњи;
крије негђе замотуљак парах,
ма бих река да их није много,
и за њих му сви у кући знају.

Вукота Мрваљевић *(прича из плећа)*

Чудна негђе пустога плијена,
но је крвав, да га Бог убије:
Косово је око њега легло!

Вук Мићуновић

Што бајете као бајалице
али бабе кад у боб врачају?
Што ће знати мртве костурине
како ће се коме догодити?

Вукота Мрваљевић

Које јаде ти тобож мудрујеш?
А ти више у њима проричеш
но који му драго десетиња.
Не даш нигда плећа оглодати,
но их грабиш из устах људима;
мени си их стотину узео
да ђавола прије у њих видиш.
У то ти је прошло по вијека!

Војвода Батрић

Дану, Вуче из Љешева Ступа,

узми гусле да нас разговориш;
кад је добро, нека је и боље.

Вук Љешевоступац *(поје)*

Чево равно, гњијездо јуначко,
а крваво људско разбојиште,
многе ли си војске запамтило,
многе ли си мајке ојадило!
Људске су те кости затрпале,
људском си се крвљу опјанило;
вазда раниш од Видова дана
јуначкијем и коњскијем месом
гавранове и мрке вукове!
Страшно л' бјеше једном погледати:
дим те црни бјеше приклопио,
сто хиљадах притисло Тураках,
око тебе пушке грмијаху,
фриштијаху хиљаде момаках
а гракаху на јата вранови.
Иза тмине и сунце огрије:
пред вечер се над тобом изведри,
Турке мртве по тебе бројасмо,
погодит се нигда не могасмо
око броја, колико их бјеше.

(оставља гусле)

Војвода Батрић

Дану, Вуче, немој прекидати,
разговора без таквога нема.

Вук Љешевоступац

Не умијем, војвода, па је љепше оставити.
Пуцају пушке уз поље, пјевају људи, има их около сто и

педесет.

Војвода Драшко

Ко је оно, ка да су махнити?

Сердар Јанко

Оно су ти свати Мустафића,
а жени се Суљо барјактаре
синовицом с Обода кадије.

Вук Мићуновић

Ма нијесу сви сватови Турци,
него има и Црногорацах.

Сердар Јанко

Има onђе и Црногорацах
мало мање него половина.

Вук Мићуновић

Куд су шћели потрпезне кучке,
Бранковићи и лижисахани?
Што им оће друштво са Турцима?

Кнез Јанко

А каква је то вражија женидба
кад вјенчања никаква немају,
но живују ка остала стока?

Сердар Јанко

У њих нема никаква вјенчања,

но погодбу некакву учине
ка да краву наполи предају.
Они жене у чељад не броје,
но их држе ка продано робље.
Они кажу: Жена је човјеку
слатко воће ал' печено јагње.
Док је таква, нека је у кућу;
није л' таква, са њом на улицу!

Кнез Роган

Хвала Богу, пасјега милета,
ка је опит са злом и неправдом!
Ђе допире, ту закона нема;
закон му је што му срце жуди,
што не жуди у Коран не пише.

Поју сватови уз поље.

Сват Турчин

Гергелезе, крило од сокола,
те на хата у рају полеће,
самовољно, без никаква зора,
пред Пророка пријеђе да изађеш;
хурије те дивне заробише
те си нама тако закаснио.
Излаз к нама, часа не почаси,
на твојега крилата халата!
Не заборав' сабље и миждрака
и твојега бича пакленога,
јер су Власи уши подигнули,
да окупиш стоку у торину.
Вуци су ти љуто погладњели;
нек ти сине сабља дамаскија,
да не лају пашчад на Пророка!

Сват Црногорац

Ђе си, Марко, нагнута делијо?
Иако си турска придворица,
ал' си опет наша перјаница.
Појаш', Марко, твојега, Шарина,
од оружја ништа не узимај
до твојега тешка шестоперца;
њим Алију згоди међу плећа,
па му на част Пророк и хурије!

Сват Турчин

Илдериме, свечев буздоване,
мало ли ти би крстове вјере
међ' истоком и међу западом
да истрчеш хата крилатога,
дамаскију да крви напојиш,
да најстрашним постанеш шехитом,
но се диже да Фатиму ћераш,
јединицу светога Пророка?
Ту сагр'јеши Богу и Пророку;
ко им скриви, он им грдно плати!
Ал' ти просто диново млијеко
када Босни саломи рогове,
кад све покла што не посунети ;
само факир остави фукару
да нас служи, а пред крстом тужи.

Сват Црногорац

Обилићу, змају огњевити,
ко те гледа, блијеште му очи!
Свагда ће те светковат јунаци!
Мрцино нам круну не упушти
кад падиши стаде под вилице,
када дину загази у чорбу.

Сат те виђу на твојега Ждрала
ђе разгониш код шатора Турке.
Што ће бити, ко ће угодити?
Срб и Турчин не слаже се нигда,
но ће прије море ослачати.

Сват Турчин

Држ, Алија, курвино копиле,
Котарке се младе разбјежаше!
Срамота је сивоме соколу
ћерат дуго јато јаребицах,
па за себе не уловит меса.
Удри, Тале, твојом дреновачом,
под њом пучу ребра ка ораси!
Половина главе изгубите,
не оставте Косу у кавуре;
такво воће није за кавуре.

Сват Црногорац

Бјеж, Комнене, задрта делијо,
кад си такву срну уловио!
Већ си доста одморио крила,
нијесу ти далеко Котари;
вјера ти је Хајки омилила,
једва чека да ти се прекрсти.
Забобоњи, Старино Новаче,
сврх Клисуре, ка си научио,
јер су дину уши заглибиле;
пробуди му бухе у кожухе.
Не пушт', Бајо, жива ђавољега;
нека свати не буде планине
без питања твога ал' Лимова.

Излази Мустај-кадија и моли момчад да не поју онаке пјесне покрај сакупа Црногорскога, да не буде од главарах коме што жао, него нека поју сватовске пјесне, и он сам почиње појати.

Мустај-кадија

Не плач', мајко, дилбер Фатиму:
удата је, није укопата;
ружа с струка није пала свог,
но у бостан пренешена свој.
Фатиму ће Суљо држати
као очи своје у глави.
Фатима је струком дивота,
очи су јој двије звијезде,
лице јој је јутро румено,
под вијенцем гори Даница;
уста су јој паром срезана,
усне су јој ружом уждене,
међ' којима каткад сијева
сњежна гривна ситна бисера;
грло јој је чиста филдиша,
б'јеле руке - крила лабуда.
Над цвијећем плива зорњача,
а возе је весла сребрна.
Благо одру на ком почине!

Сват Црногорац

Соко мрзи поља од прашине,
соко неће жабу из лужине,
соко хоће високу литицу,
соко тразн тицу јаребицу;
јаребица танка и плашива,
ма тијела како ватра жива.

Сват Турчин

Не дангуби, сватски првијенче,

сахати су данас ка године,
хоће нам се Суљу одужити.
Бог је драги неколико дана
тандарихе земљи поклонио;
грехота је да их поткидамо.

Војвода Станко

Чудне бруке, грдне мјешавине!
Чујасте ли како се појаше?
Залуду се недружина друже,
све некакви приговори стари:
Милош, Марко - Мујо и Алија!
Приправља се, док одједном пукне;
већ превире капа на све стране.

Вук Мандушић

Ема шта се друже с крвницима,
а у један кота да их свариш,
не би им се чорба смијешала!

Вук Мићуновић

Безобразне, обрљане курве,
повукуше те нам образ грде!
Јуначкога не знају поштења,
а не би се вукли за Турцима.
Мрзни су ми они него Турци,
а не мислим за њих ни за Турке.
Бадава се инате с Турцима
кад им лижу, ка пашчад, сахане!

Богдан Ђурашковић

Они шћаху све онако појат,
но им не да подмукла лисица.

Видите ли онога кадије?
Друга нема у четири земље.
У њега су медене ријечи,
увија се ка враг око крста,
ама пунан губе и лукавства;
крвника га ришћанскога нема-
заклала га пушка црногорска!

Прођоше сватови.-Мало стаде, ево покајнице уз поље, и тужи сестра Батрићева пред њима.

Сестра Батрићева

Куда си ми улетио,
моj соколе,
од дивнога јата твога,
брате рано?
Да л' невјерне не зна Турке,
Бог их клео!
е ће тебе преварити?
дивна главо!
Мој свијете изгубљени,
сунце брате!
моје ране без пребола,
рано љута!
моје очи извађене,
очни виде!
Коме браћу ти остави,
братска хвало,
и старога баба Пера,
куку, Перо!
и три младе сестре твоје,
кукавице?
Седам снахах што ошиша?
њима празно
Што не чува младу главу,
људска вило;

што крвника њом наслади,
братска дико?
На вјеру те посјекоше,
невјерници!
Дивно л' Травник окитише,
то платили!
са лијепом главом твојом,
куку, леле!
Ко ће чете сакупљати,
четовођа,
ко л' крајини бранит крило,
братско крило,
ко ће турске главе сећи,
остра сабљо?
Да погибе у бој љути,
убојниче,
ђе се српски момци грабе,
младо момче,
око главах и оружјах,
просте ране;
но на вјеру у невјере,
вјерна главо!
Да ми се је помамити,
сестри црној,
да те како заборавим,
кукавица,
е презгодна глава бјеше,
млади брате!
Да уз цара сједијаше,
мудра главо,
шћаше царев везир бити,
сестри тужној;
да код краља сједијаше,
мој младико,
ђенерал му шћаше бити,
моја ружо!
Да се могу разговорит,

срце моје,
а са мртвом твојом главом,
кам да ми је!
да ти црне очи виђу,
очи моје,
да пољубим мртву главу,
мјесто брата,
да очешљам дуги перчин,
јаох мени!
и јуначку чалму свежем,
сестра грдна!
У крвничке сад си руке,
платили те!
нагрдиће красну главу,
прекрвници!
Ти ћеш много браће наћи,
куку нама!
биранијех соколовах,
куку, браћо!
по бедему од Травника,
Бог га клео!
Главе братске познат нећеш,
нама празно!
јере су их нагрдили,
невјерници!
Куд ће твоја млада љуба,
куку њојзи!
двоје ђеце твоје лудо,
сирочади?
Што ће јадни ђед ти Бајко,
мој Батрићу,
који те је одњивио?
тешко њему!
Просте твоје љуте ране,
мој Батрићу,
ал' непрости грдни јади,
куку роде!

е се земља сва истурчи,
Бог је клео!
Главари се скаменили!
кам им у дом!

Сви главари плачу, и кад чуше име Батрићево, сви плачући изидоше пред покајнице. Како се састаше с њима, знадоше што је. Сестра се Батрићева загрли с ђедом Бајком (кнезом), уграби му нож иза паса и уби сама себе; Бајко се пренемогне и паде поред унуке мртве.

Вук Томановић

Хвала Богу, велике жалости
што нас нађе данас изненада!

Свак ћути и плаче.

Вук Мићуновић

Ох до Бога, а ох довијека,
да чудно ли с главе погибосмо!

Кнез Роган

Осамдесет већ имам годинах;
сто путах сам гледа Црногорце,
гледа Турке, а гледа Латине-
младе главе онакве не виђах!

Вук Томановић

У ове се горе нигда није
онаквога младета дизало.
Оно бијеше јунак под крилима!
Гледа сам га ђе скаче с момцима:
скочи с мјеста четрнаест ногах,

а из трке двадест и четири;
по три коња загона прескочи.

Вук Мићуновић

Што је фајде крити оно што је?
Онаквога сивога сокола
Црногорка јошт рађала није!
Не могаше човјек нигда знати
ал' је згодни али је ваљасти,
ал' је мудри али је љубавни!
Шест путах сам с њим на муку био
ђе прах гори пред очи јуначке
и ђе главе мртве полијећу-
јошт таквијех очих гвозденијех
ја не виђех у једнога момка.
А немаше јошт двадест годинах.
И што ћу вам крити, Црногорци,
живо ми је срце покосио
и нашу је земљу оцрнио!

Вук Томановић

Он не бјеше но само настао,-
Црногорца већ бјеше свакога
он готова претека јунаштвом:
седамнаест али осамнаест
бјеше главах посјека турскијех!

Војвода Батрић

Бог га јаки и мртва убио!
Како мога вјероват Турцима,
тере им се на вјеру опушта?

Вук Томановић

Вјеран бјеше јунак мимо људе,
па га оно пашче Ћоровића
избезуми некако на братску,
те срамотно, црн му образ био!

Сердар Јанко

Је ли му се кућа ископала?

Вук Томановић

Не, сердаре, али што за фајду?
Остало је двоје ђеце мушко,
једно другом воде дат не може;
и згодна су ка двије јабуке.
Него ко ће ђецу дочекати?

Кнез Јанко

Колика му брата остадоше?

Вук Томановић

Седам братах, сви седам једнаци.

Кнез Јанко

Хоће ли га осветити, Вуче?

Вук Томановић

Хоће, кнеже, али што за фајду?

Кнез Јанко

Како зашто? Што говориш, чоче?
Да га могу добро осветити,
ка да би га из гроба дигнули!

Кнез Јанко

Ада ова несрећна невјеста,
те се данас уби међу нама,
љуће ми је на срце завила
но несрећна глава Батрићева.

Сердар Јанко

Не збори нам, кнеже, за те јаде!
Ни овакве јошт није жалости
на много се мјестах догађало;
но јој пуче срце у прсима
а обрну свијет наопако
за онијем сивијем соколом,
па не мога одољет жалости,
него живот узе сама себи.

Кнез Роган

Невоља је, браћо, да с' убије!
Кам би црка од ове жалости,
а не сестра за онаквим братом,
е предиван бјеше, јад га наша!
Кад се шћаше ођест куд да иде,
па обуци оне пусте токе,
шал црвени свези око главе,
а пани му перчин низ рамена,
двије пушке метни за појасом,
а припаши мача о појасу,
а у руке узми џефердара,-

красна лица, висок као копље!
Кад помислим и ја какав бјеше,
распале се уз мене пламови!

Главари сједе около Вељега гувна и разговарају се, док ево ти три четири стотине Озринићах, Цуцах и Бјелицах. Сви посједаше пред главаре и држе дуге пушке уз рамена.

Сердар Вукота

Добро дошли! Што је било, људи?
Кренули сте некуд ка на војску!
То вам није без неке невоље;
да се није ко покла, Бога ви?

Војник

Не, сердару, јошт није покоља,
ема би се могло дослутити.

Други од војниках

Попе цуцки, да' им оно писмо
те си писа међу свима нама,
па се с њиме нека разговоре,
е ћемо их грајом заглушити.

Поп Мићо дава писмо владици Данилу. Владика га гледа и не говори ништа.

Кнез Јанко

Што је било? Што пише, владико?

Владика Данило

Не може се оно прочитати.

Даје га владика кнезу Јанку да га попу поврати.

Кнез Јанко *(гледа га)*

Дивна писма, јади га убили!
Красно је на карту сложено,
као да су кокошке чепале.

Свак се смије. Кнез Јанко дава писмо попу и говори му.

Кнез Јанко

Попе Мићо, држ ти ово писмо,
те прочита', да знамо што пише!

Поп Мићо узимље писмо, дуго га гледа и почиње читати:

Поп Мићо *(чита)*

... ум ... дам ... ам ...
... би ... ну ... но ...
... на ... ша ... ра ...

Вук Мићуновић

Лијепо ли ова сабља чита,
дивно ли нас данас разговори!
Аманати, ђе научи тако?
Јесу ли те у Млетке шиљали?
Када своје тако осијецаш,
ада што би с туђијем чинио?

Поп Мићо

Ти се, Вуче, када са мном ругаш?
Какав наук, такво и читање!

Да сам има бољег учитеља,
те бих и ја данас боље чита.
Ка је, да је, о њему се бавим.
Ко ће боље, широко му поље!

Вук Мићуновић

Ја ти не бих предавао бира,
да се слушам, зрно даћавоље.

Поп Мићо

И не дају жита ни у шаку,
до по руно и по груду сира;
па и то ми дају ка на силу.
Да ли не знаш наше даваоце?

Вук Мићуновић

Аманати, не наиједи се!
А како им читаш летурђију
кад овако у писмо затежеш?Поп Мићо
Аманат ми, ја је и не читам,
нити ми је књига за потребу,
нит' је када у цркву отварам.
Напамет сам је добро утврдио
летурђију, крстит и вјенчати,
ка и друге помање потребе;
па кад ми је које за потребу,
испојем га ка пјесну на уста.

Кнез Јанко

Чудна попа, јади га не били,
у свијет га оваквога нема!

Све у смијех и у грају.

Сердар Вукота

Дану причај који што сте дошли,
да идемо, да не замрчемо.

Један Цуца

Причаћемо, а имамо доста!
Проста сабља по сто путах турска,
од Косова која нас сијече,
при злу томе, ако је истина.
Ево има шест-седам годинах
ка доходи једна пророчица
међу нама. Из Бара се каже.
Дава траве и нешто лијечи,
и запише нечесове гради
да човјека пушка не убије.
Свак је држи, опрости ми, Боже,
ка да духом светијем прозире.
Донио је ђаво међу нама
ево има двије три неђеље,
па је сада, што није никада,
ударила кaживат вјештице.
Двадест их је до сада казала,
и сама је себе обличила;
на њих више но педесет главах
што су оне свакоју изјеле,
а све ђеце која су помрла
и момчади те пушка убила.
Па се народ цио помутио,
нико не зна шта хоће да ради;
помрзјело све једно на друго.
На чудо смо и на јаде били
раздвајући да се не искоље.
Једва смо их овамо савили,
еда како ви то претечете.

Вук Мићуновић

Чудне стоке, Бог их посјекао,
око шта се имало поклати!
А ђе ви је та злосрећна баба
те међу вас нож крвави вргла?

Исти Цуца

Ево смо је довели са собом
да пред вама ово посвједочи.
Она збори да ће све казати;
и казује, Бог је посјекао,
ка да човјек све очима гледа.

Излази пророчица и вјештица.

Кнез Јанко

Кажуј, бабо, јеси ли вјештица?

Баба

Јесам, кнеже, није фајде крити.

Кнез Јанко

А како се градите вјештице?

Баба

Ми имамо једну траву за то,
па ту траву у лонац сваримо,
из лонца се редом намажемо;
иза тога будемо вјештице.

Кнез Јанко

Па послијед што се од вас ради?

Баба

Купимо се на мједено гувно,-
нико не зна до нас ђе је оно.
На вратила о марчу јашемо,
договоре кријући чинимо
какво ћемо зло учинит коме.
Живином се сваком промећемо;
возимо се на сребрна весла,
лађа нам је кора од јајета.
Зла мрзноме чинит не можемо;
а ко нам је мио али својта,
траг по трагу његов ископамо.

Сви из гласа

Видите ли како не зна ништа!
Истина је све што је казала;
не би сама себе наружила
да у тај лик није обештана.
Па се каје, ставила се душе,
јере види траг ни ископаше.

Кнез Јанко

Слушај, бабо, све ти вјерујемо:
може бити и мједено гувно,
јахати се може на вратило,
ма за лађу и весла сребрна,
то ти нико вјеровати неће,
ер је сасма прен礼штава лађа.

Баба

Истина је, мој мили, душе ми!
А како бих данас придизала
када висим ногама у гробу?
Него сам се једном покајала;
волија сам поћи под гомилу
са свијема те смо тога лика
но зла чинит како смо до сада,
да ако ми лакше души буде.

(и плаче баба)

Кнез Јанко

Чудна врага, видите ли, браћо?
Хвала Богу, има ли вјештицах?

Кнез Роган

Има, кнеже, некијех рогошах,
под облак ће устријелит орла!

Вук Мићуновић *(владици)*

Ти, владико, знаш дубоке књиге;
налазиш ли у њима вјештице?

Владика Данило

Ђе вјештице, што говориш, Вуче!
Нема тога ни у једну књигу.
Сврх мене се сви овде куните,
то су бабске приче и мудрости;
него лаже ова бабетина,
али може нешто друго бити!

Сви главари:

Кажуј, бабо, рашта си лагала,
ал' на нашу душу под камење!
Није шала што си учинила:
помутила три мучна племена
и крваву сабљу извадила!

(Баба се препада и дрхти.)

Баба

Кажаћу вам, ал' на исповијест,
па чините шта хоћете са мном.

Кнез Јанко

Нема, бабо, овде духовника,
нако ћемо послат попа Мића,
а он књиге уза себе нема.
Него кажуј, ал' ћеш под гомилу;
не варај се, друго бит не може!

Баба *(дрхтећим гласом казује)*

Кад се справљах из Бара на овамо,
док ево ти једнога каваза
ђе од паше за мене дошао;
поведи ме на Скадар везиру.
Везир бјеше чуо што се ради,
да договор међу се имате
на домаће ударити Турке,
па ме посла да вас ја помутим,
да се о злу своме забавите.
Научи ме све како ћу радит,
и рече ми, душа му проклета:
"На тебе се нико ставит неће,

јер ти често идеш међу њима."
Запријети кад од њега кренух:
"Не смути ли, бабо, Црногорце,
кунем ти се турском вјером тврдом:
имаш дома десет унучади
и три сина, сва три ожењена,-
све ћу ти их затворит у кућу,
па у живи огањ изгорјети!"
Та ме сила, браћо, наћерала
те помутит хоћах Црногорце.

Тада скочи народ цио, узми камење да је под гомилом метну, али је не пусте главари, но је с муком одбране. Разиђоше се дома свиколици; само неколико главара остадоше на Цетиње да притврде свој договор. Смркло се; сједе главари около огња. Излази мјесец крвав, и би велики потрес. У то исто доба дође к њима стари и слијепи игуман Стефан с бројаницама у руке.

Кнез Роган

Мож ли знати, оче игумане,
рашта ове горе уздрхташе?

Игуман Стефан

Ко ће, синко, божју вољу знати,
ко ли божа прозрети чудеса?

Кнез Роган

Ада што је овај мјесец црвен
како да је из огња испретан?Игуман Стефан
Ни то, синко, ја не могу знати.
Аљинах је на небеса доста,
па Бог даје коме какву хоће;
а мени је свакоја једнака,

тек сам своје очи изгубио.
Благо вама који их видите,
ви сте ближе Бога и чудесах!

Тишина је; игуман броји бројанице.

Кнез Јанко

А бројиш ли све тако, игумане?

Игуман Стефан

Бројим, синко, не престајем нигда.

Кнез Јанко

Доиста се мислиш набројити.
Да ли ти се, оче, не додије,
а од тога . . ?
Ја бих воли сад гривну орахах,
да је једном по нашки избројим,
на стотину тијех бројаницах
да пребирам прстима за фајду.

Сердар Јанко

Ти све, кнеже, на шалу окрећеш.
Дану, оче, оно ка умијеш,
исприча' ни штогод, аманати,
пријеђе но смо легли и заспали.
Ко те није чуо ђе говориш,
онај не зна што у тебе спава.

Игуман Стефан

Хоћу, браћо, то сам и дошао.
Ја сам многа зажега канђела

на олтару цркве православне,
па сам слијеп доша међу вама
да поџежем, колико узмогу,
и ваш огањ свети на олтару,
на олтару цркве и поштења.

Многи из гласа: Збори, оче, сви ћемо слушати колико те год воља, ако ћеш до поноћи.

Игуман Стефан

Ја имадем осамдесет љетах.
Откако сам очи изгубио,
ја сам више у царство духовах,
иако ми јошт тијело душу
задржаје и крије у себи
како камен подземна пештера.
Ја сам много обиша свијета.
Најсветије небесне храмове
што је земља небу подигнула
ја сам редом сваки полазио,
насрка се дима с жертвениках.
Пења сам се на свештену гору
са које је страшно предсказање
своје судбе Јерусалим чуо.
Разгледа сам и све три пећине:
ђе се сунце християнству роди,
ђе је небо јасли освештало,
ђе су цари небесном младенцу
похитали с даром поклонити се.
Гледао сам Гетсиманску башту,
оцрњену страшћу и издајом.
Свјету лампу луд вјетар угаси!
Ми видимо на плодним њивама
ђе се грдно трње растићило,
храм Омаров ђе се повисио
на свештени основ Соломонов,

ђе Софија за коњушку служи.
Смијешна су својства наше земље,
пунана је лудијех премјенах.
Природа се сваколика пита
сунчанијем чистијем млијеком;
у пламен се и оно претвара,
данас жеже што јуче њивљаше.
Колијевке какве би требале
не имаду све наше ријеке;
видимо ли ми ова страшила
ђе пустоше немилосрдно земљу?
Време земно и судбина људска,
два образа највише лудости,
без поретка најдубља наука,
сна људскога ђеца ал' очеви,-
је ли ово причина управа
којој тајну постић не можемо?
Је л' истина е ово овако,
ал' нас очи сопствене варају?
Иште свијет неко дјеиствије,
дужност рађа неко попечење,
обрана је с животом скопчана.
Све природа снабд'јева оружјем
против неке необуздне силе,
против нужде, против недовољства:
оштро осје одбрањује класје,
трње ружу брани очупати;
зубовах је туште изоштрила,
а роговах тусте зашиљила;
коре, крила и брзине ногах,
и цијели ови беспореци
по поретку некоме сљедују.
Над свом овом грдном мјешавином
опет умна сила торжествује;
не пушта се да је зло поб'једи,
искру гаси, а змију у главу.
Муж је бранич жене и ђетета,

народ бранич цркве и племена;
чест је слава, светиња народња!
Пас свакоји своје бреме носи;
нове нужде рађу нове силе,
дјеиствија напрежу духове,
стјесненија сламају громове;
удар нађе искру у камену,
без њега би у кам очајала.
Страдање је крста добродјетељ;
прекаљена искушењем душа
рани т'јело огњем електризма,
а надежда веже душу с небом
како луча с сунцем капљицу.
Што је човјек, а мора бит човјек!
Тварца једна те је земља вара,
а за њега, види, није земља.
Је ли јавје од сна смућеније?
Име чесно заслужи ли на њој,
он је има рашта полазити;
а без њега- у што тада спада?
Покољење за пјесну створено,
виле ће се грабит у вјекове
да вам в'јенце достојне саплету;
вас ће примјер учити пјевача
како треба с бесмртношћу зборит!
Вам' предстоји преужасна борба:
племе ви се све одрекло себе
те црноме работа Мамону!
Паде на њем клетва бешчестија.
Што је Босна и по Арбаније?
Ваша браћа од оца и мајке;
Сви уједно и доста работе.
Крст носити вама је суђено
страшне борбе с својим и с туђином!
Тежак в'јенац, ал' је воће слатко!
Воскресења не бива без смрти.
Већ вас виђу под сјајним покровом,

чест, народност ђе је васкреснула
и ђе олтар на исток окренут,
ђе у њему чисти тамјан дими.
Славно мрите, кад мријет морате!
Чест рањена жеже храбра прса,
у њима јој нема боловања.
Поругани олтар језичеством
на милост ће окренут небеса!

Сви поспаше, а Игуман сједи уз огањ, броји бројанице и сву ноћ чита молитве међу њима.
Зора је, дижу се, припасују оружје да крећу дома. Чуде се гладујући старога Игумана ђе сједи уз ватру. Броји бројанице и нешто у себи чита, а они, како се који диже, тако му приступа и љуби га у руку из уваженија, рашта лијепо и мудро збори.

Сердар Иван

Ти нијеси слијеп, Игумане,
кад си тако мудар и паметан.
Будале су с очима слијепе,
које виде, а залуду виде;
требају им за просте потребе,
ка осталој исто животини.

Сердар Вукота

А мислиш ли, сердаре његушки,
да би био овакви с очима?
Пјесна добра спава у слијепца,
поглед смета мисли и језику.
Мож' обисти кад што хоћеш причат:
кад причању твоме покаже се
ствар сасвијем противна пред очи.
сласт и силу изгуби причање,
ум се смути, а језик заплете;

чешће не знаш што си хтио рећи.
А слијепцу очи не сметају,
но се држи све једнога пута,
ка пјан плота када се прихвати.

Војвода Батрић

Да причамо снове при кретању!
Ја сам снио што нијесам нигда
(мило ми је за моје оружје):
ноћас на сан Обилић пролеће
преко равна Поља Цетињскога
на бијела хата ка на вилу;
Ох, диван ли, Боже драги, бјеше!

После тридесет, четрдесет другах причај своје снове: сваки каза сан једнак, да је Обилића видио како и војвода Батрић. Весели иди у цркву да се закуну сви наједно да се кољу с домаћима Турцима. Улазе у цркву, Вук Мићуновић размота шал са главе, па га пружи, те сви за њем рукама ухватише и у коло стадоше.

Владика Данило

Чуј, Никола кнеже дупиоски,
и ти руку пружајеш на клетву!
Ти си нејак, знаш ли, у Црмницу,
а Турцима пред кућом Црмница.
Криву клетву на дом не понеси,
јер је мука с Богом ратовати!

Кнез Никола

Знај, Владико, и сви Црногорци,
ја знам дивно како ми је дома;
Ама имам триста Дупиљанах,
нек ме изда свако, ка и хоће,

задајем ви божју вјеру тврду -
с Турцима се хоћемо поклати
ако ће нам сјеме утријети!
Кад крв проспем ради своје вјере,
не бојим се клетве, ни другога.
Како пушка пукне на Цетиње,
грохота ће бити на све стране.
Благо томе кога срце служи
и ко није сасма остарио,
доста ће се посла нагледати!

Сердар Јанко

Издати се нећемо, ама треба да се утврдимо клетвом; здрави је посао.

Вук Мићуновић

Куни, сердаре Вукота, ти, е најбоље умијеш, а ми ћемо сви викати: Амин!

Сердар Вукота

У памет се добро Црногорци!
А ко чиња бити ће најбољи;
А ко изда онога те почне,
свака му се сатвар скаменила!
Бог велики и његова сила
у њиву му сјеме скаменило,
у жене му ђецу скаменио!
Од њега се излегли губавци
да их народ по прсту казује!
Траг се грдни његовископао
како што је шареним коњима!
У кућу му пушке не висило,
главе мушке не копа од пушке;
жељела му кућа мушке главе!

Ко издао, браћо, те јунаке
који почну на наше крвнике,
спопала га брука Бранковића
часне посте за пса испостио;
гроб се његов на та' свијет!
Ко издао, браћо, те јунаке,
не предава пуње ни проскуре,
него пасју вјеру вјеровао;
крвљу му се прелили бадњаци
крвљу крсно име ославио,
своју ђецу на њ печену ио;
у помамни вјетар ударио,
а у лик се манит обратио!
ко издао, браћо, те јунаке,
рђа му се на дом распртила;
за његовим трагом покајнице
све кукале до вијек лагале!

Сви из гласа вичу:

Амин!

Излазе из цркве и отолен сваки дома.

Бадњи Вече

Владика Данило и Игуман Стефан сједе код огња, а ђаци, весели, играју по кући и налажу бадњаке.

Игуман Стефан

Јесте ли их, ђецо, наложили,
у пријекрст ка треба метнули?

Ђаци

Наложили, ђедо, ка требује,
пресули их бијелом шеницом,
а залили црвенијем вином.

Игуман Стефан

Сад ми дајте једну чашу вина,
ма доброга, и чашу од оке,
да наздравим старац бадњацима.

Дају му чашу вина, он наздрави бадњацима и попи је.

Игуман Стефан *(чистећи брке)*

Бог да прости весела празника!
Донесите, ђецо, оне гусле,
душа ми их ваистину иште,
да пропојем; одавно нијесам.
Не прими ми, Боже, за грехоту,
овако сам старац научио.

(Дају му ђаци гусле)

Игуман Стефан *(поје)*

Нема дана без очнога вида
нити праве славе без Божића!
Славио сам Божић у Витлејем
славио га у Атонску Гору,
славио га у свето Кијево,
ал' је ова слава одвојила
са простотом и са веселошћу.
Ватра плама боље него игда,
прострта је слама испод огња,
прекршћени на огњу бадњаци;
пушке пучу, врте се пецива,
гусле гуде, а кола пјевају,
с унучаћу ђедови играју,
по три паса врте се у коло, -
све би река једногодишници,
све радошћу дивном наравњено.
А што ми се највише допада,
што свачему треба наздравити!

Владика Данило

Срећан ли си, Игумне Стефане,
како те је Бог весела дао!

Игуман Стефан

Млади синко, лијепи Владико
само собом ноћас је весело,
а душу сам натопио капљом
па се стара игра поврх вина
ка блиједи пламен по ракији.
То ми каткад старцу буди кости,
спомене их на младе године.

Владика Данило

Љепше ствари нема на свијету
него лице пуно веселости,
особено ка што је код тебе:
са сребрном брадом до појаса,
са сребрном косом до појаса,
а лице ти глатко и весело,
То је управ благослов вишњега.Игуман Стефан
Ја сам проша сито и решето
овај грдни свијет испитао,
отрови му чашу искапио,
познао се с гркијем животом.
Све што бива и што може бити,
мени ништа није непознато;
што год дође ја сам му наредан.
Зла под небом што су сваколика
човјеку су прћија на земљу.
Ти си млад још и невјешт, владико!
Прве капље из чаше отрови
најгрче су и најупорније.
О да знадеш што те јоште чека!
Св'јет је овај тиран тиранину,
а камоли души благородној!
Он је состав паклене неслоге:
У њ ратује душа с тијелом,
у њ ратује море с бреговима,
у њ ратује зима и топлина,
у њ ратују вјетри с вјетровима,
у њ ратују живина с живином,
у њ ратује народ с народом,
у њ ратује човјек с човјеком,
у њ ратују дневи са ноћима,
у њ ратују дуси с небесима.
Т'јело стење под силом душевном,
колеба се душа у т'јелу.
Море стење под силом небесном,

колебљу се у мору небеса;
волна волну ужасно попире,
О бријег се ломе обадвије.
Нико срећан, а нико довољан,
нико миран, а нико спокојан.
Све се човјек брука са човјеком:
гледа мајмун себе у зрцало!

Владика Данило

Добра ватра, а јошт боље вино;
мало си се, ђедо, угријао,
па пречишћаш свијет на решето!

Игуман Стефан

Ђе си био данас, аманати,
те си дома тако позна доша?
Стоја у лов толико нијеси;
раније си свагда доходио.
И ђе су ти тјелохранитељи,
два Новака и барјактар Пима!
Не био их пуштават од себе.
Био дозват, док ти Божић прође,
два три сина старога Мартина,
јере ти се ја све бојим, синко,
да ће Турци тебе изгубити.
Двадест, тридест да ноћас ударе,
како ти се кућа осамила,
што би шћели, то би учинили!

Владика Данило

Не бој ми се, акобогда, ђедо!
Не мисли се о томе Турцима,
зле су мисли и на њих напале.
Па и да би дошли и стотина,

имам овде десетак ђачади,
у кућу се бисмо затворили,
ми се били, а ти би нам пјева.

Игуман Стефан

Од те пјесне, Боже ме сахрани!
Тежа би ми била но плакање;
Плакање је пјесна са сузама!

Иду да спавају. Дижу се пред зору и иду у цркву. Свршила се летурђија, излазе. Ђаче прича Игуману Стефану пред црквом.

Ђаче

Слушај, ђедо, да ти нешто кажем.
Кад су прва звона зазвонила,
дига сам се да идем у цркву,
али јеку нечесову чујем,
те ја стрчи брже накрај поља.
Иако је лијепо вријеме,
мишљах скаче вода у Понору.
Кад присједох мало украј поља
али није оно што ја мишљах,
но то брдо на крај поља јечи
како да ће прснут у облаке.
Пушке грме, небеса се ломе,
фиска стоји младе убојнике!
Те ја брже боље преко поља.
Када дођи при Ђинову брду,
ал' у брдо нигђе ништа нема,
но се негђе бој крвави бије,
па одзивом брдо узјечало.

Игуман Стефан

Муч' будало, да ли Божић није?
већ је троје појело пјевацах:
сада пушке највише пуцају,
а то брдо ка шупља тиквина,
па гласове хвата одсвакуда.
Већ за дуго и не треба ништа,
но понавља оно што ђе чује
као једна прекоморска тица.

Ђаче

Није, ђедо, тако ми рождества,
но некакав покољ, те велики;
Од милине уру сам слушао!
Дим је црни лега над Бајице
ка најгушћи облак о јесени.

Игуман Стефан

Хајд' отолен, што којешта дробиш!
Дим на Божић, великога чуда!
Како ће се свенародња жертва
без облаках дима учинити?

Чује се грмљава пушаках низ поље. Појаха Владика Данило хата и изиде у поље. Кад ето низ поље пет шест стотинах људих. Он потрчи коња и брже боље дође међу њих. Они се сви око њега у коло окупи. Видећи владика пет Мартиновићах, Вука Бориловића и три своје слуге све крваве, поче запитовати.

Владика Данило

Причајте ми што је тамо било:
ал' сте вуци али сте лисице?

Војвода Батрић

Весели су гласи, господаре,
клањамо се Богу и Божићу.
Најприје ти Божић честитамо,
честитамо Божић Гори Црној!
Ми пет братах пет Мартиновићах
и три твоје слуге највјерније
са соколом Бориловић - Вуком
покласмо се синоћ са Турцима.
У помоћ нам ко год ћу притече,
сакупи се војске као воде.
И што ћу ти дуљити причање?
Колико је равнога Цетиња,
не утече ока ни свједока,
ни да каже како им је било,
те под сабљу своју не метнусмо
који ни се не кће покрстити;
Који ли се поклони Божићу,
прекрсти се крстом христијанскијем,
узесмо га за својега брата.
Куће турске огњем изгоријесмо,
да се не зна ни стана ни трага
од невјерна домаћега врага.
Из Цетиња у Ћеклић пођосмо.
Ћеклићки се разбјежаше Турци
мало кога од њих посјекосмо
ма њихове куће попалисмо;
од мечета и турске џамије
направисмо проклету гомилу,
нека стоји за уклин народу.

Владика Данило

Благо мени, моји соколови,
благо мени, јуначка свободо!
Јутрос си ми дивно воскреснула

из гробовах нашијех ђедовах!

Скида се с коња Владика, те грли и целива јунаке који су почели бој с Турцима; И тако иду низ поље пјевајући и пушкама весеље чинећи. Када дођоше близу цркве, али је Игуман Стефан пред црквом и јошт један калуђер, који држаше свети путир у руке.

Игуман Стефан

Ја не види, него чујем доста.
Хајте, браћо, те се причешћујте
без приправе и без испов'јести,
а ја мичем све на моју душу.

Приступају и причешћују се који не бјеше руча. Пошто се причестише, наврћеше пецива и почеше коло водити. А Владика уљезе у кућу и уведе са собом пет Мартиновићах, Вука Бориловића и три његове слуге за њима уљегоше. Пеку се пецива, играју се момчад сваке игре и коло поје.

Коло

Бјеше облак сунце ухватио,
бјеше гору тама притиснула,
пред олтаром плакаше канђело,
на гусле се струне покидале,
сакриле се виле у пештере -
бојаху се сунца и мјесеца;
бјеху мушка прса охладњела,
а у њима умрла свобода,
ка кад зраке умру на планину,
кад утоне сунце у пучину.
Боже драги, свјетла празника!
Како су се душе прађедовске
над Цетињем данас узвијале!
Играју се на бјела јата,

како јата дивних лабудовах
кад се небом ведријем играју
над образом свјетла језера.
Соколови пет Мартиновићах,
које једна прса задојише
а одњиха једна колијевка,
два Новака с барјактаром Пимом,
и витезе Бориловић Вуче,
који први удристе на Турке, -
ко умије вама сплести в'јенце?
Споменик је вашега јунаштва
Гора Црна и њена свобода!

Излази Игуман Стефан међу народ, и носе за њим два момка међу собом једну синију и на њој двадест оках шенице варене, измијешате зрнима шипчанима, налите добро вином и медом.
Народ се чуди његову послу и сав се окупи около њега да гледају што ће да ради. Момци поставише кољиво на сред великога гувна, а Игуман поче говорити.

Игуман Стефан

Чуј, народе, сви скините капе!
Хоћу спомен да чиним душама
витезова нашега народа;
Данас ће им најмилије бити,
од Косова нигда као данас.

Свак скида капу и смију се.

Игуман Стефан *(чита наизуст)*

Вјерне слуге помјани, Господи,
владаоце, ма твоје робове:
Непобједног младога Душана,
Обилића, Кастриота Ђура,

Зриновића, Ивана, Милана,
Страхинића, Рељу Крилатога,
Црновиће Ива и Уроша,
Цмиљанића, Војводу Момчила,
Јанковића, девет Југовићах,
и Новака - поради халака,
и остале наше витезове!
На небу им душе царовале
ка им име на земљи царује!

Изједоше оно кољиво, ручаше и свак дома одлази.

Ново Љето

Изишли из цркве, сједе уз огањ, па се нешто Игуман замислио

Владика Данило

Нешто си се замислио, ђедо!
Али ти се дријемат почело?

Игуман Стефан *(чита наизуст)*

Не дријема него нешто мислим,
па се чудим за нову годину
што је данас ошћела људима.
Рашта није с почетком прољећа,
кад се сунце са југа поврати
и кад почну дневи напредоват,
кад се земља обуче у зелењу
и ствар свака кад на њој добије
нови живот и вид сасвим нови?

Владика Данило

Све једнако тада али данас;
вријеме ће својим током ходит,
а ово су стари уредили.

Игуман Стефан *(чита наизуст)*

Ко је да је, није угодио.

Улази једно момче к њима, целива Владику у руку, па Игумна Стефана.

Владика Данило

Што је, момче? Откуда си сада?

Е да ћеш ни што добро причати?

Момче

Ја сам улак, од Ријеке сада;
Сердар Јанко посла ме до тебе,
да ти причам што је код нас било.

Владика Данило

Причај, синко, што најбрже можеш.

Момче

Како чусмо за бој на Цетињу,
да на главу погибоше Турци,
Сердар Јанко одмаха отправи
два момчета ријечким Турцима.
Ко не мисли на Коран пљунути
нека бјежи главом без обзира!
Турци момчад код себе примами
и обоје на обод објеси.
У то сердар поклич низ нахију!
Свак потрчи к ријечкому граду,
ал' залуду - сви утекли Турци
у лађама пут бијела Скадра;
само Богдан што је похитао
те убио ријечког Кадију.
Шћаше доћи сердар с главарима
да ти прича све како је било,
но немаше када оставити:
разурају града Ободника
и све Турске куле и џамију
да нас пазар не смрди некршћу.

Преклања се улак, целива опет Владику у руку, меће му књигу на скут и одлази.

Владика Данило зове ћаче да прочита ону књигу, да је чује и Игуман Стефан..

Ђаче *(узима књигу и чита)*

Кнез Никола и сви Дупиљани
поздрављамо нашега Владику!
Пишемо ти што је код нас било.
Како чусмо што би на Цетињу,
покласмо се с нашијем Турцима.
Дан и ноћ је поклање трајало:
бјеше пуна Црмница Тураках,
десечара, аге изјелице.
Мало ко нам у помоћи дође;
и ми смо ти грдно изгинули,
половина у бој погинусмо.
Нестало је гробља око цркве,
по шестину у један копамо.
По Црмници Турке исјекосмо
и град Бесац с земљом изравнисмо.
сад ти нема у нашу нахију
обиљежја од турскога уха
до трупине али развалине.

Владика Данило плаче а Игуман се Стефан смије.Владика Данило

Ти, Игумне, не разумје писмо,
а би и ти на њем проплакао:
по шестину уједно копају!

Игуман Стефан *(чита наизуст)*

Разумијех га, ал' плакат не могу.
Да умијем плакат од радости,
бих плакао слађе него игда,
Ал код мене, када поје душа,

сузе ми се смрзну од радости.

Бије неко у врата од кујине, да их сломи, мисле да је луд.

Игуман Стефан *(чита наизуст)*

Помоз Боже и Мали божићу!
Кад је радост са свакоје стране,
нек уљезе и та' луди к нама
да нам кућу напуни смијеха!

Отварају ђаци врата, кад ево Вук Мандушић. Намрчио се и црни му брци пали на изломљене токе. Џефердар пребијен носи у руке, и сједа код огња, сав крвав. Никоме ни "помоз Бог". Зачуде се кад га онаквога виде.

Владика Данило

Што је, Вуче? Грдно ли изгледаш!
Виђу да си с крваве пољане,
газио си негђе ватру живу
и Бог знаде, до тебе самога,
је ли ико ту жив претекао;
јер без муке не пркају токе
ни се ломе таки џефердари
те с' од витке жице саковани.

Вук Мандушић *(мрко прича)*

На Шћепандан дође ми одива,
из Штитарах љетос поведена,
и каза ми: Ево харачлије
у Штитаре да купе хараче!
те ја скупи педесет момчади
и западни с њима под Штитаре
да посијечем Турке изјелице.
Пучу пушке Љешанском нахијом.

Мислим, иду Турци у хараче,
па на рају страву ударају.
кад бој чујем у Прогоновиће,
те ја потец' са оном дружином.
А кад тамо, мука и невоља!
Ударило двјеста харачлијах,
потурице, љута Арнаута,
на крваву Радунову кулу.
Сам се Радун у кулу нагнао
и с њим жена његова Љубица;
жена млада, ама соко сиви,
пуни пушке своме господару.
Радун гађа с прозора од куле,
седмину је на обор убио.
Но му дошла бјеше погибија:
Турци бјеху сламу и сијено
око б'јеле куле нанијели
па зажегли са свакоје стране.
Плам се дига бјеше у небеса
и кулу му бјеше дохватио.
А он гађа пушком, не престаје;
попијева, танко, гласовито,
припијева Баја и Новака,
припијева, Драшка и Вукоту
и два Вука од села Трњинах,
Марковића и Томановића,
а кликује и живе и мртве -
види страшну уру пред очима!
Нама жива срца попуцаше,
потрчасмо кули Радуновој,
око ње се покласмо с Турцима.
Избависмо из куле Радуна,
ма изгоре ојађела кула.
Јошт нам ђеко у помоћ прискочи
те од куле поћерасмо Турке;
до Кокотах, више Љешкопоља,
осамдесет и три посјекосмо.

И у боју код бијеле куле
олова ми токе изломише,
а у раздвој боја крвавога,
најпотоња која пуче турска -
џефердара држах пред очима -
престриже га, остала му пуста,

(плаче)

по ремику, када трска бјеше!
Више жалим пуста џефердара
но да ми је руку окинула!
Жа ми га је ка једнога сина,
жа ми га је ка брата роднога,
јере бјеше пушка мимо пушке.
Срећан бјеше, а убојит бјеше;
око њега руке не превијах,
свагда бјеше као огледало;
у хиљаду другијех пушаках
познати га шћаше када пукне.
Па сам доша до тебе, владико:
на мору је од свашта мајсторах,
па би л' могли пушку прековати!

Владика Данило

Мрки Вуче, подигни бркове,
да ти виђу токе на прсима,
да пребројим зрна од пушаках
колика ти токе изломише!
Мртву главу не диже из гроба
ни прекова бистра џефердара.
Здраво твоја глава на рамена,
ти ћеш пушку другу набавити
а у руке Мандушића Вука
биће свака пушка убојита!

Also available from JiaHu Books:

Русланъ и Людмила — А. С. Пушкин –
9781909669000
Евгеній Онѣгинъ — А. С. Пушкин -
9781909669017
Анна Каренина — Л. Н. Толстой —
9781909669154
Чорна Рада — П. Куліш -
9781909669529